KB179891

딥 타임

DEEP TIME
딥타임

✴

**빛도 시간도 없는 40일,
극한 환경에서 발견한 인간의 위대한 본성**

크리스티앙 클로 | 이주영 옮김

whale 🐋 books

모든 것은 달라질 수 있다.
심지어는 시간의 개념도 잠시 없앨 수 있다.
우리가 함께한다면 얼마든지 새로운 세상을 만들 수 있다.
우리 인간은 어떤 조건에서도
적응할 수 있는 매우 강한 존재다.

우리의 미래에 기회를 주고 싶다면

자연과 사람들이 서로 어울리는 미래를 그려야 한다.

딥 타임은 바로 그러한 미래를 그려보는 시간이었다.

차 례

시간이 사라져도
인간은 함께 새로운 질서를 찾는다

스웨덴의 생물학자 칼 린네Carl Linne는 처음에 인류의 종을 나누면서 호모 트로글로디테스Homo troglodytes라는 아종을 제안했다. 트로글로디테스는 동굴에 산다는 의미의 라틴어다. 지금도 침팬지의 학명은 판 트로글로디테스Pan troglodytes다. 물론 인류의 조상은 동굴이 아니라 야생의 재료로 만든 텐트를 더 좋아했다. 하지만 동굴은 고인류의 화석과 유물을 보존하기에 적합했다. 인간도, 침팬지도 동굴을 주된 거주지로 삼지 않지만, 동굴은 여전히 인류의 삶을 들여다보는 중요한 장소다.

2021년 스위스 출신의 탐험가 크리스티앙 클로도 비슷한 생각을 했다. 대규모 팀을 꾸려 40일간의 동굴 생활을 기획했다. 밤낮의 변화를 알 수 없는 곳에서 인간은 어떻게 적응할까? 이른바 '딥 타임Deep Time' 프로젝트다. 공상과학 소설 같은 프로젝트는 세계적으로 큰 관심을 받았다. 여기서 연구자는 마치 동굴 바닥을 파헤치는 고인류학자처럼 인간 본성의 오랜 흔적을 발굴할 수 있었다.

딥 타임의 참가자들은 상당한 심리적 혼란을 겪었다. 시간은 비정상적으로 느리게 흘렀다. 참가자들이 시간을 알 수 없는 상황을 과연 견딜 수 있을까? 그런데 뜻밖의 일이 일어났다. 15명의 생체 주기는 점차 서로 비슷하게 조율되었다. 태양의 움직임을 느낄 수 없는 곳에서도 서로의 관계 속에서 작은 사회를 멋지게 꾸려나갔다. 심지어 행복한 여가를 즐기며, 함께 웃고 울었다.

코로나19로 세상은 전보다 더 어두워졌다. 강력한 록다운 조치로 수억 명이 긴 시간 동안 고립되어야 했다. 그러나 우리는 점차 새로운 질서를 찾아가고 있다. 비대면 수업과 재택 근무 중에도 여전히 교류하며 서로의 사이클을 동조해 나간다.

밤낮의 변화, 계절의 변화는 생체 주기를 건강하게 지켜주는 핵심 요소다. 그렇지만 더 중요한 것은 타인과의 관계다. 홀로 고립된 환경이라면, 밝은 햇빛도 그 빛을 잃는다. 우리는 모두 다른 이를 위한 태양이다. 컴컴한 동굴처럼 단절의 시대를 살아가는 우리에게 꼭 필요한 햇빛은 바로 '사람'이다.

_박한선(진화인류학자, 서울대학교 인류학과 조교수)

빛도 시간도 없는 동굴에서의 40일

이 책은 '딥 타임Deep Time'이라는 실제 모험기를 다룬다. 참가자는 총 열다섯 명으로, 이들을 '딥 타이머'라고 부른다. 딥 타이머들은 프랑스 아리에주 위사Ussat에 위치한 롱브리브Lombrives 동굴에서 2021년 3월 14일부터 4월 24일까지 40일을 보냈다. 모험에 참가한 사람들은 아래와 같다.

아르노 뷔렐(30세), 크리스티앙 클로(49세), 요안 프랑수아(38세), 니콜 위베르(27세), 다미앵 주멜고(47세), 에밀리 킴푸(30세), 마리 카롤린 라가슈(50세), 마리나 랑송(33세), 프랑수아 마탕(34세), 알렉시 몽세니(42세), 제롬 노르망(44세), 마고 로망 모니에(32세), 코라 사카랭(31세), 마르탱 소메(29세), 티펜 뷔아리에(33세).

동굴 내부의 통로와 방 이름은 대부분 오래전 롱브리브 동굴의 '개척자들'이 붙인 것이다. 딥 타이머가 동굴을 모험하면서 붙인 것들도 있다.

'멜뤼진'과 '제레미'라는 제목이 붙은 꼭지는 나와 함께 프로젝트를 설계한 제레미 루미앙과 멜뤼진 말렌데가 직접 들려준 이야기를 바탕으로 내가 정리해 쓴 것으로, 당사자들의 확인도 받았다.

　나는 이 책에서 시간을 벗어난 40일간의 딥 타임 모험에서 일어난 일을 최대한 충실하게 재현하고자 했다. 딥 타임은 한 사람만의 이야기가 아니기 때문에 다각도로 상황을 그려내고자 노력했다. 하지만 그렇다고 해서 열다섯 명 모두의 경험과 감정을 다루는 것도 아니다. 부디 즐겁게 읽어주었으면 좋겠다.

01

시간과 빛이 없는 곳에서
인간은 살아남을 수 있을까?

낮과 밤

✴

철커덕거리는 금속 소리가 동굴 벽을 타고 오랫동안 울려 퍼진다. 이어서 무언가 부딪치는 소리가 들린다. 마치 누군가 사슬을 휘두르는 것 같다. 제레미가 동굴의 입구에서 약 100미터 떨어져 있는 카렌^{Carène} 통로와 연결되는 녹슨 철문을 막 닫았다. 그리고 문을 사슬로 묶은 후 자물쇠를 단번에 잠갔다. 열쇠 돌아가는 소리가 들리는 순간, 우리는 정말로 동굴에 갇혔다는 사실을 실감한다.

내 머릿속은 이런 생각들로 가득하다. '이제 감옥에 갇힌 것처럼 살아야 한다.' 이어서 불안감이 엄습하며 목이 바짝 마른다. '도대체 내가 여기서 뭘 하는 거지?'

제레미는 여전히 철문 앞에 쭈그리고 앉아 고개를 들어 나를 바라보고 있다. 제레미도 불안하기는 마찬가지다. 제레미가 직접 문을 잠금으로써 나와 열네 명은 동굴에 갇히게 되었다. 햇빛도 들어오지 않고 시간도 알 수 없으며 외부와는 일체 통하지 않는 곳이다. 우리가 동굴에 자발적으로 갇힌 이유는 특수한 상황에서 인간이 얼마나 잘 적응할 수 있는지 알아보기 위해서다.

제레미와 나는 오랫동안 서로를 바라본다. 말이 잘 나오지 않는다. 옆에서 멜뤼진의 시선이 느껴진다. 나 때문에 괜히 불안한 것 같다. 아니면 나처럼 이런저런 생각을 하는 건지도 모른다. 멜뤼진은 필요한 지원을 해주고 며칠만 있다가 동굴 밖으로 나가지만 말이다.

그 누구와도 나누고 싶지 않은 이 소중한 순간, 멜뤼진과 제레미가 같이 있어줘서 너무 행복하다. 나는 언제나 그들에게 새로운 아이디어와 계획을 제일 먼저 들려준다. 내가 "새로운 프로젝트를 해야겠어"라고 말할 때마다 두 사람은 진지하게 관심을 가져주었다. "그래, 또 뭔데?" 그들은 언제나 다정하게 귀 기울이고, 포기해야 할 이유를 나열하지 않는다. 그보다 '언제', '어떻게'와 같은 계획의 세부에 관심을 가지고 살을 붙인다. 하지만 한편으로 그들은 내게 '아니'라고 말해줄 수 있는 유일한 친구들이다.

멜뤼진이나 제레미가 그 아이디어는 현실적이지 않은 것 같다고 말해주면 나도 납득할 수 있다. 내 아이디어를 매우 진지하게 검토하다 아무리 좋게 생각해도 현실성이 떨어진다는 결론을 신중하게 내렸을 것이기 때문이다. 그래서 상처받지 않고 다음날 새로운 아이디어를 다시 가지고 갈 수 있다. 어느 날은 멜뤼진이 아이디어를 제안하기도 한다. 그렇게 우리는 함께 생각한 콘셉트를 테스트해 보고, 공상만 하는 것을 넘어 실현하는 사람이 될 수 있다.

2020년 8월에 처음으로 두 사람에게 딥 타임에 대해 이야기했다. 동굴 탐사를 한 번도 해본 적 없는 사람들과 팀을 꾸려 동굴에 자발적으로 갇히는 모험을 해보자는 아이디어였다. 습도 100퍼센트, 섭씨 10도의 동굴에서 생활하며 시계는 가져가지 않는다. 나는 두 사람이 바로 말도 안 된다고 할 줄 알았다. 그런데 멜뤼진이 입가에 알 수 없는 미소를 짓더니 몇 가지 질문을 건넸고, "멋진데. 해봐. 재미있겠는데"라고 말해주었다. 제레미는 더욱 열렬하게 호응했다. "신기하네, 나도 비슷한 생각을 했었어. 마침 잘됐다."

코로나19라는 팬데믹 상황에서 준비를 하는 데 몇 달이나 걸릴지 짐작할 수 없어 망설여지기도 했고, 이런저런 의심도 들었다. 하지만 결국 우리는 태풍의 눈 속에 들어가기로 했다. 그 후의 작업은 닥쳐올 태풍에 대비하는 것처럼 빠르게 이루어졌다. 확신은 없었다. 의심이라는 바람에 쓰러질 때도 많았으나 우리는 매번 일어났다.

• • •

동굴의 문이 완전히 닫히기 한 시간 전, 여전히 확신은 들지 않는다. 이 조건에서 모험이 잘될까? 하지만 의심하는 마음의 소리는 동굴의 벽을 타고 점차 희미해진다. 연극의 막이 오르고 기술 담당 스태프들이 마지막으로 무대장치인 배경 벽을 내린다.

몇 달 만에 처음으로 셋만 있게 되었다. 나와 멜뤼진은 철문 안에, 제레미는 철문 밖에 있지만 말이다. 몇 주 동안 쉬지 못했더니 피곤하기도 하고 이런저런 감정도 몰려온다. 지금 여기에 있다는 사실이 행복하지만, 동시에 앞으로 펼쳐질 일에 대한 두려움도 든다. 무엇보다 1킬로미터 정도 떨어진 곳에서 나를 기다리는 여자 남자 일곱 명씩으로 이루어진 딥 타이머들과 이 특별한 모험이 제대로 이루어지도록 뒤에서 지원해 주는 수백 명의 관계자들을 생각하면 무거운 책임감이 느껴진다. 누구도 딥 타이머들이 어떠한 신체적, 정신적 변화를 겪을지 모른다. 다만 한 가지는 확실하다. 이런 모험을 무사히 마친 사람은 흔하지 않다는 것.

덜그럭거리던 금속 소리가 더 이상 들리지 않는다. 멜뤼진은 동굴에서 보내는 첫날 밤을 촬영할 장비가 제대로 설치되어 있는지 살펴보려고 멀어져 간다. 제레미와 나는 잠시 그대로 서서 아무 말도 하지 않는다. 동굴 속 모험의 시작을 알리는 잠긴 자물쇠를 보니 감정이 북받친다. 제레미는 손목시계를 확인하더니 진지한 목소리로 말한다.

"오늘은 2021년 3월 14일. 현재 시각은 정확히 저녁 8시. 딥 타임이 공식적으로 시작된다. 정확히 40일 후에 우리는 다시 만난다."

내가 할 수 있는 대답은 이것뿐이다. "네가 없었다면 여기까지 오지 못했을 거야." 제레미도 감정에 북받친 목소리로 이렇게 대답한다. "네가 꿈꾸지 않았다면 여기까지 오지 못했을 거야."

　　제레미는 돌아서 앞으로 간다. 점점 멀어져 가는 그의 뒷모습을 바라본다. 확실히 제레미가 향하는 곳은 빛이 있는 곳, 사람들이 있는 곳, 그러니까 삶이 있는 곳이다. 잠시 쭈그려 앉아 있던 나는 일어서서 제레미와 반대쪽으로 걸어간다.

　　밤을 향해서.

02

지금 우리는
어떤 질서를 따르고 있는가

시간생물학의 역사

✦

나는 천천히 걷는다. 아주 천천히. 마음을 가라앉히고 다시 숨을 고르기 위해서다. 이번 모험을 준비하느라 정신이 없었다. 준비하는 몇 달 동안 머릿속이 복잡하게 소용돌이쳤다. 무엇이든 다 할 수 있을 것 같다가 곧바로 아무것도 할 수 없을 것이라는 회의에 빠지기를 반복하며 몇 달을 보냈다. 이렇게 오롯이 혼자만 있기는 몇 달 만에 처음이다. 나로서는 갑작스러운 변화다.

그동안 딥 타임을 준비하는 데 온 신경을 집중하느라 막상 시간 개념을 초월하는 모험이 시작되면 어떤 기분이 들지는 미처 생각해 보지 못했다. 오랫동안 방치된 램프를 문지르자 요정 지니가 튀어나왔던 것처럼, 여러 가지 감정들이 감당하기 힘들 정도로 한꺼번에 밀려온다. 새로운 모험과 과학 조사가 시작되어 기쁘고 흥분되는 한편으로, 마음속 깊은 곳에서 올라오는 두려움과도 싸워야 한다. *몸이 동굴에 갇혀있으면 정신마저도 갇혀버리는 것이 아닐까? 어두운 동굴 안에서 시간의 개념을 잊다 보면 나의 정신과 영혼, 나아가 나의 존재마저 우울해지고 방황하는 것은 아닐까?* 어둠은 쾌락과 기쁨, 경이로움 같은 인간의 감정을 무력화하고, 두려움과 회의를 느끼게 할 수 있다. 특히 시간과 사회라는 제약을 벗어나는 경험에서는 더욱 그럴 수 있다.

기분 나쁜 록 음악의 후렴구처럼 두려움이 계속 되풀이된다. "뭔가를 해야 해. 우리 자신을 잃어서는 안 돼." 제레미와 멜뤼진과 평소에 하는 말을 중얼거린다.

우리는 전에 미셸 시프르Michel Siffre의 경험에 대해 이야기한 적이 있다. 미셸 시프르는 1962년에 어느 동굴 안에 홀로 갇혀 시간 개념을 잊고 살며 최초로 시간생물학을 실험해 본 인물이다. 시간생물학은 독일의 의사이자 생물학자인 위르겐 아쇼프Jürgen Aschoff가 몇 년 전에 정리한 개념이다. 우리는 이전부터 미셸 시프르가 했던 것과 비슷한 경험을 해볼 생각이었다.

나는 자신이 신봉하는 이론을 증명하기 위해 극한 상황을 무릅쓴 용기 있는 사람들을 언제나 존경해 왔다. 미셸 시프르를 비롯해 1952년 물과 식량 없이 대서양을 횡단한 알랭 봉바르Alain Bombard, 1931년 최초로 성층권까지 날아오른 오귀스트 피카르August Piccard, 화산들을 지나간 카티아 크라프트Katia Krafft와 같은 이들 말이다. 이들은 아무리 커다란 위험과 마주해도 아랑곳하지 않고 나아갔다. 시간을 초월하는 경험은 신체적으로나 정신적으로나 부담이 된다. 이후에 정신적으로 너무 피곤해지거나 우울해지고, 원래의 삶으로 돌아오기 힘들어질 수도 있다.

그러나 설령 결과가 좋지 않을지라도, 한 번은 극한 경험을 해보고 싶었다. 다만 방향을 정하는 것이 어려웠을 뿐이다. 모험은 사회를 살아가는 데 필요한 지식을 새롭게 얻을 수 있도록 해준다는 점에서 매력적이다. 무엇보다 당시는 앞으로 어떻게 살아야 할지 확신할 수 없는 시기였다.

2020년에 코로나19가 전 세계를 강타했다. 4월에는 세계적인 봉쇄 조치로 세계 인구의 절반이 넘는 45억 명이 자신이 있는 곳에서 오도 가도 못하게 되었다. 코로나19에 대응하려 해도 과학적인 데이터와 지식이 부족한 상황이었다.

우리는 신체적, 정신적으로 어려운 상황을 겪으며 방향을 잃곤 했다. 봉쇄 조치와 봉쇄 해제, 사회적 거리두기와 추가 봉쇄 조치가 반복되는 동안 우리는 현재 어떤 상황에 놓여있고 어떻게 행동해야 하며 미래는 어떤 모습으로 변화할지 제대로 가늠할 수 없었다. *완전히 바뀐 세상에서 우리 인간은 어떻게 함께 살아가야 하는가?*

· · ·

그때 확신이 생겼다. 여러 사람이 특정 공간에 갇혀 시간 개념을 잊어버리는 실험을 수행해야 했다. 혼자 격리되어 생활하는 실험은 이미 여러 차례 진행되었지만, 인간은 기본적으로 홀로 살지 못한다. 팀을 이루어 어딘가에 갇혀 보고, 이와 같은 경험이 현대인의 두뇌에 미치는 영향을 살펴보는 연구가 필요했다. 팬데믹 사태에 대응하기 위해서라도 얼른 실험해 봐야 했다.

"몇 명이나 모으고 싶은데?"

수화기 너머로 나의 계획을 듣던 제레미가 물었다.

"모르겠어. 첫 실험이니까 네 명에서 여섯 명이 좋지 않을까. 결과가 어떤지 봐야 하니까."

그러다가 2020년 9월, 우리는 단기간에 이러한 실험을 준비하기는 힘들다는 결론을 내렸다. 영화 〈미션 임파서블〉의 펠프스 요원도 거절할 불가능한 임무였다. 같이하는 모험은 혼자서 하는 것보다 흥미롭지만, 사람들을 모아 짧은 시간에 준비하려면 에너지가 많이 들어간다. 계획, 과학 설비, 비용 모두 하나같이 중요한 부분이라 간단히 넘어갈 수 없었다. 더욱이 코로나19 사태가 다시 빠르게 악화되기 시작했다. 많은 나라가 다시 봉쇄 조치에 들어가면서 국경은 한층 단단하게 막혔다. 프랑스에서도 사회적 거리두기 이야기가 나왔고, 10월에는 2차 봉쇄 조치가 이루어졌다.

나는 얼른 멜뤼진과 제레미에게 다시 전화를 걸었다.

"네다섯 명으로 실험해 보는 것은 의미가 없어. 이렇게 준비 과정이 복잡한데 단순하게 진행할 순 없어. 아무튼 우리는 뭐라도 해야 해! 뜻을 함께하는 사람들을 모아 규칙을 제대로 세워서 실험해 보는 거야. 필요한 장비를 전부 준비하고, 모험에 참가하고 싶은 사람들은 미션20 회원 중에서 찾으면 돼. 그러면 지원자들을 모집하느라 몇 달을 허비하지 않아도 되니까."

미션20은 코로나19 사태가 터지기 이전에 계획했던 것으로, 기후 변화로 인한 다양한 현상에 인간이 얼마나 잘 적응할 수 있을지를 알아보기 위해 스무 명이 네 가지 극한 상황을 연속적으로 체험하는 프로젝트였다. 2016년과 2017년에는 나 혼자서, 그 후에는 함께 여러 번 실험을 해봤다. 팬데믹으로 자유롭게 이동할 수 없게 되면서 장비들을 기약 없이 방치하고 있던 참이었다.

이동의 자유가 제한되면서 그 누구도 예상하지 못한 문제가 드러났다. 그건 바로 시간 개념의 상실이었다. 우리가 진행하던 코바답Covadapt(코로나19를 의미하는 Covid와 적응을 의미하는 Adapt의 합성어: 옮긴이) 등 여러 연구를 통해 코로나19로 이동이 제한되자 정신적으로 피로를 느끼고 불안한 미래로 고통스러워하는 프랑스인의 수가 최대 70퍼센트까지 증가했다는 사실이 밝혀졌다. 이런 사람들 가운데는 시간 개념을 잃어버린 경우가 많았다. 나도 한곳에 갇혀 원격근무로 모든 것을 처리하면서 하루, 한 주가 어떻게 지나가는지 가늠하지 못하는 경우가 많았고, 오늘 아침에 내가 한 것과 내일 내가 해야 할 것을 구분하지 못해 방황했다. 일, 여가, 가족 사이에서 시간을 어떻게 분배해야 할지도 알 수 없었다.

이렇게 몇 달이 지나갔다. 많은 사람이 급변하는 세상 속에서 시간 개념을 잃었다며 어려움을 토로하기 시작했다. 무시해서는 안 되는 신호였다. 어떻게 해야 우리의 시간과 일상을 이해하고 적절하게 조정할 수 있을까? 앞으로도 계속해서 혼란스러운 상황이 발생할 수 있는 이 시기에 말이다. 이전에 누구도 진지하게 생각해 본 적 없는 시간 개념이 심각한 문제로 부상했고, 특히 누군가는 더 고통스럽게 받아들였다.

시간을 해석할 수 없다는 생각은 모두에게 무력감을 불러일으켰다. 그런데 이들의 인지 메커니즘을 이해하기 위한 연구는 아직 부족한 것이 현실이다. 생리학, 뇌 과학, 심리학 등 인간의 능력에 대한 연구는 오래전부터 이루어졌다. 그러나 사람들이 실제로 생활하는 환경과는 거리가 먼, 모든 것이 완벽히 통제된 실험실 환경에서 이루어지는 모의실험이 대부분이다. 변수를 분리하고 매우 구체적인 인지 기능을 연구하기 위해서는 모든 것을 통제하는 작업이 꼭 필요하다. 하지만 변수를 피하기 위해 모든 것을 통제 범위 안에 두면 큰 한계가 생긴다. 실제 상황에서 사람들의 행동 양상을 충분히 관찰하지 못하는 것이다. MRI로 곰을 볼 때와 스피츠베르겐섬의 빙하에서 겨우 10미터 정도 떨어진 곳에 있는 북극곰을 볼 때의 느낌은 다르다. 우리가 느낄 두려움에 관해 실험은 어떠한 이야기도 들려주지 않는다! 이전에 이루어진 이론적인 실험을 제대로 완성하려면 실제 현장에서 인간의 적응 능력을 연구해야 했다.

6미터에 두 번 도전했다가 실패한 장대높이뛰기 선수가 갑자기 6.5미터에 도전하는 것처럼, 나 역시 프랑스 현지에서 보다 규모가 큰 실험을 해보기로 했다. 전 세계가 사회적으로 혼란을 겪고 수백만 명이 시간의 개념을 잃어버린 무질서한 상황과 비슷한 조건을 설정하여, 인간의 집단적인 행동 능력을 제대로 이해하는 것이 실험의 목표였다.

. . .

사회에서 통용되던 규범이 사라지면 무질서가 발생한다. 무질서
한 상황에서는 사회 조직과 돌발 상황을 제대로 관리할 수 없다
고 본다. 그러나 반대 의견도 있다. 1855년에 디자이너 장 마리
구아요Jean Marie Guayau는 무질서 속에서 기존의 규범에서 벗어난 새
로운 형태의 인간관계와 자율성이 생겨날 수 있다고 주장했다.
코로나19 사태에서 내가 특히 흥미를 느끼는 부분이 인간의 새
로운 능력이었다. 동굴에서 직접 실험을 해보면 구체적인 개념
으로 정리할 수 있을 것 같았다.

　　"언제 시작할 거야?"

　　멜뤼진과 제레미가 물었다.

　　"2월이나 3월. 지금이 정말로 실험이 필요할 때니까."

　　"그러면 고작 5개월 안에 모든 걸 준비해야 해."

　　"알아. 하지만 코로나19 사태가 계속되니까 서둘러야 해. 사
실 5개월도 늦어."

　　"말도 안 되는 일이야."

　　"그래, 하지만 지원자들을 따로 모집할 필요도 없고 규칙은
대부분 준비가 되었어. 그러니까 필요한 준비는… 거의 되었다
는 뜻이지."

침묵이 흐른다.

"밤샐 일이 많을 것 같은데."

제레미가 다시 입을 열었다.

"너 잠도 부족하잖아."

프로젝트를 꿈꾸는 것과 프로젝트를 실행에 옮기는 것은 엄연히 다르다. 열다섯 명이 참여하는 실험은 여전히 만만치 않은 현실이다.

불안한 마음을 떨쳐내고자 걸음의 속도를 점점 늦춘다. 시간의 개념이 사라진 공간의 분위기에 취해 딥 타이머들이 각자 심리적인 트라우마로 고생할지도 모른다는 두려움을 떨쳐내고 싶다. 1990년 발라 네그르Valat-Nègre의 우물 안에서 100일간 홀로 있어 보는 실험을 하고 나서 14개월 후에 자살한 베로니크 르 귀앙Véronique Le Guen의 이야기처럼, 우리보다 먼저 비슷한 실험을 한 사람들이 겪었다는 우울증과 고통에 대한 기록도 잊을 수 있을 것이다. 사실 르 귀앙의 자살과 극한의 실험 사이에 인과관계를 보여주는 뚜렷한 증거는 없다고 생각한다. 하지만 전혀 상관관계가 없다고는 할 수 없다. 어쨌든 이제 와서 이런 생각을 해봐야 너무 늦었다.

여전히 두렵지만 이번 탐험을 시작하는 것에 큰 의의를 둔다. 우리 팀은 앞으로 닥칠 상황에 대처하기 위해 최선을 다했다. 우리 모두 우리가 강하다는 사실을 알고 있다. 특별한 모험을 해본 경험은 없어도, 각종 신체검사와 심리검사를 거쳐 엄격하게 선발된 이들이다. 팀원들을 알고 지낸 지는 몇 년 되었지만, 서로 알고 지낸다 해도 우리 앞에 무슨 일이 일어날지 지금으로서는 거의 알 수 없다. 우리가 하려는 실험과 비슷한 상황을 다룬 데이터가 너무 적기 때문이다.

연구나 탐사 프로젝트를 개발할 때에는 비슷한 주제로 진행된 이전 자료를 참고한다. 마찬가지로 딥 타임도 선행 실험 자료를 점검했다. 데이터는 역시 충분하지 않았지만, 그래도 시간의 개념을 잊은 채 자발적으로 고립되어 생활했던 실험을 몇 가지 찾을 수 있었다. 우선 미셸 시프르가 1962년부터 2000년까지 실시한 10여 건의 실험 자료가 있다. 시프르는 혼자서 자연 속에 고립되는 상황을 네 번이나 연출했다. 시간생물학의 아버지로 불리는 독일의 위르겐 아쇼프도 1964년부터 25년 동안 벙커를 작은 집처럼 개조하여 작은 규모의 집단을 며칠 동안 살게 하는 대규모의 실험을 진행했다. 이 실험에 참여한 누적 인원은 약 400명에 이른다.

짧은 기간 동안 이루어진 것이긴 하지만 '라카브Lacave의 은둔자 일곱 명'이라는 이름의 실험 자료도 살펴봤다. 1965년 일곱 명의 여성이 라카브 동굴에서 15일 동안 머무른 것으로, 그 어떤 과학적 자료보다 평등이라는 개념을 훌륭하게 증명했다. 이탈리아의 실비오 말레토Silvio Maletto가 동물 몇 마리와 함께 진행한 실험도 있지만 따로 출간되지는 않았다.

이 외에도 제한된 환경에서 이루어졌으며 시간 개념이 재구성된 실험 및 연구 자료는 전부 찾아보았다. 마스500과 같은 장기 화성 탐사에 대비한 모의 실험과 유럽 우주국ESA의 동굴 훈련 프로그램인 CAVE, 나사NASA의 해저 훈련 프로그램인 NEEMO처럼 우주 비행사들이 고립된 환경에서 실험한 것도 좋은 참고 자료가 되었다. 고대 생물이 살던 환경을 인위적으로 조성한 실험과 잠수함에 관한 실험, 프랑스와 이탈리아가 공동 진행한 남극 기지의 주민들에 대한 연구 자료도 도움이 되었다.

뿐만 아니라 2010년 칠레 광산에서 33명의 광부들이 갇혔던 것처럼 우연히 감금된 사례도 점검했다. 소규모 지역사회의 사례들도 흥미롭지만 우리가 하려는 프로젝트와는 견줄 수 없었다. 총 300여 건의 연구 자료를 참고했지만, 이 중에서 딥 타임처럼 자연환경에서 여자와 남자가 뒤섞여 시간 개념을 초월해 머무는 사례는 없었다.

따라서 우리에게 앞으로 무슨 일이 일어날지 정말로 알 수가 없다. 물론 그렇다고 해서 스트레스를 받을 필요는 없다.

· · ·

이런저런 생각을 하며 거의 앞만 보며 동굴을 따라 천천히 걷는다. 나무로 된 첫 번째 문이 열리자 두 개의 통로가 나온다. 오른쪽에는 '가슴'을 뜻하는 마멜Mamelle이라는 이름의 짧은 통로가 있고 왼쪽에는 300미터 길이에 L자 모양인 카렌 통로가 있다. 카

렌 통로는 아까 제레미가 걸어 잠근 철문을 기점으로 두 갈래
로 나뉜다. 프랑스어로 '범죄'라는 뜻을 지닌 크림Crime 통로는 높
이 약 1미터에 넓이는 1미터도 채 되지 않는 좁은 길목이다. 크
림 통로를 기준으로 카렌 통로와 프랑스어로 '대성당'이라는 뜻
을 지닌 카테드랄Cathédrale 통로로 나뉜다. 카테드랄 통로는 마치
노트르담 대성당에 있는 것처럼 장엄하면서 놀라울 정도로 편안
함을 준다. 크림 통로는 이번 실험에 참여하는 한 반드시 거쳐야
하는 관문이 될 것이다.

카테드랄 통로의 바닥에는 금속 혹은 바위를 깎은 듯한 계
단이 있다. 위로 올라가면 '사다리'라는 뜻의 에셸Echelles 통로가
나온다. 좁은 에셸 통로를 따라 50미터 정도 올라갈 수 있다. 어
깨 넓이 정도의 에투와Etroits 통로는 프랑스어로 '묘지'라는 뜻을
지닌 심티에르Cimetière 통로와 연결된다. 길이 400미터의 심티에
르 통로는 높이와 넓이가 10미터 이상으로 테르미날Terminal 호수
까지 이어진다. 관광은 동굴 입구로부터 약 1킬로미터 떨어진
이곳까지만 가능하다. 그 후로도 죽 이어지는 많은 통로에 우리
는 여러 대의 장비를 설치했다. 앞으로 두 개의 층에 걸쳐 우리
가 발견해야 할 넓은 우주가 기다리고 있다.

우리의 생활 공간은 테르미날 호수 바로 앞에 마련되어 있
다. 그 옆에 있는 동굴 안 대표적인 협곡의 이름은 '매머드'를 뜻
하는 마무트Mammouth다. 하얀 석회암 구조로 되어있는 마무트는
이름 그대로 털이 수북한 거대한 매머드의 화석과 비슷하게 생

졌다. 40일 동안 우리의 본부 역할을 할 곳은 커다란 나무판자로 둘러싸여 있다. 바닥을 보호하고 각자의 구역을 정하기 위해 다미앵의 지시를 받아 자원봉사자 여러 명이 세워주었다. 5미터 높이의 삼각대 위에 앞으로 몇 주 동안 이곳을 밝혀줄 커다란 구형 전등인 에어스타가 달려있다. 에어스타가 처음으로 생활 공간을 비추는 가운데 팀원들이 분주히 돌아다닌다. 푸른색 통 수백 개에 나뉘어 담긴 물건과 음식을 정리하며 동굴에서 맞이하는 첫날의 식사를 준비하는 중이다.

팀원들은 다음 사이클부터 무엇을 해야 하는지 알고 있다. 앞으로 우리가 동굴에서 보내는 하루하루는 더 이상 낮과 밤으로 이루어진 24시간이나 손목시계에 나타난 시간에 따라 움직이지 않는다. 시계 없이 자신의 생체리듬을 기준으로 사이클을 세야 할 것이다. 시간이라는 개념을 완전히 잊고 자신의 신체 상태에 따라 자연스럽게 잠이 들고 깨는 과정이 하나의 사이클이 된다. 이제 사이클이 하루를 세는 단위다.

팀원 중에는 늦게 자는 것에 익숙한 사람들이 몇 명 있다. 기자, 사진작가, 영상 예술가, 유튜버가 직업인 이들, 그리고 우리의 작은 세상인 동굴을 전반적으로 관리하게 될 멜뤼진이 그렇다. 이들은 잠시 비몽사몽인 것처럼 보이지만 놀라울 정도로 조용한 동굴의 분위기에 익숙해지려 애쓴다.

그러나 내 눈에는 이들이 아니라 딥 타이머들만 들어온다. 딥 타이머들도 나와 마찬가지로 이런저런 질문을 스스로에게 던

지며 갈팡질팡하겠지? 척 봐도 알 것 같다. 동굴 속 일상은 평범
하게 흘러갈지 몰라도 딥 타이머들은 마음이 복잡한 듯하다. 얼
굴 표정은 약간 굳어있으나 부자연스러울 정도로 웃음소리가 크
고 말이 횡설수설 나오며 행동도 정신이 없어 보인다. 앞으로의
모험을 기대하며 꽤 들뜨면서도 이런저런 생각에 혼란스러울 것
이다. 나 역시 좀처럼 마음이 편안하지는 않지만 한 가지만은 분
명히 알고 있다. *'나는 혼자가 아냐.'*

　　딥 타임은 혼자 하는 것이 아니다. 나 혼자서만 내면 깊은 곳
으로 침잠하는 것이 아니다. 겁이 나는 건 모두가 똑같다. 불안한
것도 마찬가지다. 여기에 있는 딥 타이머 모두가 같은 마음이다.
'우리는 함께 있다.'

　　시간의 개념을 초월하는 실험은 이전에도 있었지만, 딥 타
임에는 분명히 다른 점이 있다. 마음이 진정된 나는 다시 한번
딥 타이머들을 바라본다. 알렉시, 아르노, 다미앵, 에밀리, 프랑
수아, 제롬, 요안, 코라, 마고, 마리 카롤린, 마리나, 마르탱, 니콜,
티펜. 앞으로 40일 동안 이들은 나의 친구이자 가족이자 동료다.
그리고 이들은 나의 세계가 될 것이다.

　　잠시 망설이지만, 이내 앞으로 걸어간다. 이제 회오리 속으
로 들어갈 차례다. 딥 타이머들이 있는 동굴 속으로.

　　마침내 딥 타임이 시작된다!

03
살아가는 방식은
하나가 아니다

규칙의 생성

　　　　　　　　✴

"이봐, 어이, 기다려, 마고! 우선 밧줄로 몸을 잘 고정한 후 고리를 빼야지. 고리는 나중에 빼고 일단 몸부터 고정해. 이해가 돼?"

　　마고는 다소 당혹스러운 표정으로 다미앵의 조언을 주의 깊게 듣는다. 다미앵은 몇 미터 위 동굴 벽 받침대에서 밧줄에 몸을 의지한 채 언제든 마고를 도울 준비를 하고 있다. 마고는 밧줄을 처음 타본다. 밧줄 타기는 동굴 탐사에 꼭 필요한 기술로, 딥 타이머 중 3분의 2가 할 수 있다. 마고는 밧줄로 고정된 지점에 금속 고리를 걸며 다미앵에게 대답한다. 약간의 스트레스가 느껴지지만 명랑함도 배어있다.

　　"알아들었어. 그런데 해야 할 게 너무 많기는 하네. 공중 부양을 할 수는 없는 거야? 그러면 훨씬 쉬울 텐데."

　　마고는 며칠 안으로 밧줄 타기 기초를 완벽히 익히고, 그다음으로는 무거운 물통을 들고 밧줄을 타는 법을 배워야 한다. 물은 아카Akka 호수에서 얻는데, 20미터 높이에 있고 깊이는 90미터에 이르러서 밧줄을 타지 못하면 물을 길어 올 수 없다.

　　다행스럽게도 롱브리브 동굴을 관리하고 있는 동굴 탐사 클럽이 밧줄 타기 수업을 해주었다. 수업은 우리의 생활 공간에서 몇 미터 떨어진, 테르미날 호수 근처에서 이루어졌다. 밧줄 타기를 해 물을 긷는 것은 만만치 않지만 동굴 탐사에 꼭 필요한 기술이다. 클럽의 로베르 기노 회장과 아들 뱅상, 그리고 여러 회원들이 시간을 내서 이번 동굴 탐사를 준비할 수 있게 도와주었다. 처음에 이들은 딥 타임 프로젝트에 회의적인 반응을 보였으나 이내 적극적으로 협조했다.

"정말로 외부와 일절 연락하지 않고 동굴에서 40일을 지낼 건가요? 동굴 안은 항상 추워요. 잘 알고 있죠?"

첫 만남에서 로베르가 했던 말이다. 처음에 그는 팀원 모두가 전문가일 것이라고 생각했다.

"참가자들 모두 동굴을 탐사한 경험이 있는 거죠?"

"아뇨, 전문 동굴 탐험가는 한 명도 없습니다. 물론 저를 포함해 동굴 탐사를 해본 사람이 몇 명 있긴 하지만 이번 탐사 목적은 전문가가 되기 위한 훈련이 아닙니다. 오히려 그 반대죠. 저희는 팀원들이 완전히 낯선 세상으로 들어갔을 때 어느 정도의 적응력을 보여주는지 측정하고자 합니다. 예전에 미셸 시프르가 혼자서 실험한 것처럼 시간 개념을 잊고 동굴 속에서 생활하는 체험을 해보는 거죠. 다만 저희는 미셸 시프르와 달리 단체로 실험하고자 합니다."

로베르는 여전히 납득이 잘 안 간다는 표정이긴 했지만, 그래도 동굴 탐사만큼이나 동굴 탐사 기술을 전수해 주는 일을 좋아하기 때문에 기꺼이 우리를 도와주었다. 덧붙여 동굴이 위치한 위사에 있는 암벽을 타는 법도 가르쳐주었다.

이제 우리는 어둠 속에서 헤드 랜턴과 축축한 밧줄에 의지해 스스로 해나가야 한다. 밧줄을 탈 때 동작 하나하나가 반사적으로 자연스럽게 나와야 한다. 다미앵은 무척 침착해 보이지만, 사실은 내가 맡긴 임무를 잘 수행해야 한다는 책임감에 꽤 긴장한 상태다. 그는 팀원들이 신속하면서도 안전하게 혼자서 밧줄을 탈 수 있도록 교육하는 일을 담당하기로 했다.

마흔여섯 살로 팀원 중 가장 나이가 많은 다미앵은 정비사, 소방대원, 베테랑 목수로 활동하여 힘든 일에 익숙하고 짚으로 집도 손수 지은 적이 있다. 모두 몸을 많이 쓰는 직업이지만, 뜻밖에도 명상에 푹 빠져 인도와 네팔까지 다녀왔다. 몇 년 전부터는 전문 암벽 등반가로 활동 중이다. 다미앵은 평지에 있을 때보다 밧줄을 타고 몇십 미터 위 허공에 있을 때 더 편해 보인다. 내가 선뜻 다미앵에게 밧줄 타기 교육을 맡긴 이유다. 그는 매우 신중하게 자신이 맡은 일을 하고 있다.

"좋아, 알렉시, 여기까지 올라와서 다른 쪽의 밧줄로 바꿔 타면 다시 내려갈 수 있어. 그리고 또 다른 쪽의 밧줄로 바꿔 타면 내가 있는 곳까지 다시 올라올 수 있어."

꽤 복잡한 훈련이다. 금속 고리와 하강기가 서로 부딪치는 소리가 난다. 팀원들이 열심히 훈련을 받고 있다는 뜻이다. 다미앵은 침착한 목소리로 팀원들에게 용기를 불어넣는다. 처음으로 팀원을 책임지게 된 다미앵은 조금 긴장한 것 같지만, 이 사실을 눈치채는 사람은 나 하나여야 한다. 팀원 중에 의사인 제롬과 캐나다 자연관광 가이드인 마리나는 밧줄을 잘 탄다. 특히 마리나가 하는 일은 산악 탐험 가이드와 꽤 비슷하지만, 그래도 팀원들의 밧줄 타기 및 안전 교육은 나와 다미앵이 책임지기로 했다. 실용적인 기술을 쉽게 알려주는 것이 중요하기 때문이다.

나는 등반가와 동굴 탐사가, 잠수부들이 밧줄을 타는 좋은 방법과 밧줄을 매는 이상적인 방법, 몸을 밧줄에 잘 고정하는 법, 자연을 존중하는 법에 대해 토론하는 현장에 많이 참석해 봤다. 토론에서 들었던 대화 내용은 흥미롭고 도움이 되었다.

"아뇨, 제대로 몸을 지탱하려면 밧줄 매듭을 여러 번 묶어야 합니다."

"밧줄은 여덟 번 매듭을 지어야 합니다."

"그건 아니죠! 낚싯줄처럼 이중 매듭으로 묶어야 합니다."

안전은 기본적인 원칙이지만, 안전을 지키기 위해 사용하는 방법은 여러 가지여서 신에게 기도하는 방법 이상으로 의견이 분분하다. 우리는 믿을 만한 사람의 지시에 따라 연습해도 결국 자신에게 맞는 몸짓과 습관을 익혀야 한다. 자신에게 편안한 방법을 찾는 것이 중요하다. 다만 전문가들은 언제나 자신의 기술이 최고라고 믿기 때문에 초보자들은 어떤 방식이 가장 좋은 것인지 판단할 수 없어 혼란스러워지곤 한다. "고리를 오른쪽과 왼쪽 어디에 놓는 것이 좋을까요? 이렇게 하면 정말 위험할까요?" 와 같은 식이다. 기초를 배울 때는 하나의 방식만 고집하지 않는 것이 좋다. 한 가지 기술만 고수하는 것은 전문적으로 밧줄 타기를 하는 사람들에게나 해당되는 일이다.

하지만 여기서는 서로의 방식을 맞춰갈 필요가 있었다. 나역시 30년 동안 산을 탐험했으나 다미앵의 요청에 맞춰 기존의 방식 몇 가지를 바꿔야 했다. 현재 동굴 탐사에서는 다미앵의 방식이 나의 방식보다 낫기 때문이다. 동굴에서는 "그래, 하지만네가 말한 이 매듭에 대해서는…"과 같이 중얼거리며 혼란을 주는 일은 꼭 필요할 때가 아니면 피해야 한다.

딥 타임을 준비하며 팀원들에게 나의 생각을 제대로 전달할시간이 많지 않았다. 그래서 몇몇 결정에 대해서는 충분한 이해를 얻거나 동의를 구하지 못하기도 했다. 세 번째 사이클을 맞이하는 날, 제롬이 자신에게 밧줄 타기 교육을 맡겨주지 않아 서운했다고 털어놓았다. 의사인 제롬은 심폐소생술과 마취에 능숙하고 등반과 급류 타기를 즐긴다. 자유를 중시하는 그는 병원 한군데에 붙어있지 않고 프리랜서로 일하는 중이다. 덕분에 취미를즐길 시간적 여유가 있다.

내가 제롬에게 다른 업무를 맡기지 않은 것은 우리 팀을 책임질 유일한 의사였기 때문이었다. 누가 다치거나 아프면 제롬이 바로 투입되어야 한다. 하지만 평소 특별히 할 일이 없을 때제롬은 의기소침해지곤 한다. 소소한 물품 정리에 몰두하거나멍하니 있는 제롬의 모습을 자주 볼 수 있었다.

팀원들이 점차 밧줄 타기에 익숙해지면 제롬이 이후의 교육을 맡아 다미앵의 수고를 덜어줄 것이다. 야외 활동을 좋아하고 산악 지대 탐험에 익숙한 마리나도 교육을 도울 수 있다. 마리나는 프랑스를 떠나 수년간 캐나다에 머물면서 광활한 자연에 매료되었고, 아예 자연 탐험을 직업으로 삼았다. 모험 르포 제작을 즐기는 그는 현장에서 독립적으로 활동한 경력을 살려 촬영이라는 중요한 일을 담당하게 되었다. 마리나는 카메라를 들고 최고의 순간을 담아내야 하기 때문에 다른 활동에 조금 소홀할 수도 있다.

· · ·

롱브리브 동굴에서의 첫날 밤이 지나갔다. 깨어있을 때는 모두가 부지런히 활동한다. 네 명은 동굴을 탐사하는 법을 배우는 데 몰두하고 있다. 동굴 전체에 소리가 울리다 보니 마치 꿀벌 떼가 윙윙거리는 것 같다. 세 명은 소지품과 식량이 담긴 통을 분배하고 텐트를 정리하느라 분주하다. 일상용품의 적절한 위치를 정하는 법과 먼저 먹어야 할 음식과 나중에 먹어도 되는 음식을 가장 효과적으로 구분하는 법을 찾아야 한다. 각자 가져온 책을 모으니 수백 권에 이른다. 이 또한 효율적으로 분류해 미니 도서관을 만들어야 한다. 주방용품과 향신료는 적당한 자리에 놓아야 한다. 모두 생활 습관이 제각각이니 말이다.

　사진을 좋아하는 마르탱과 마리나는 우리가 부지런히 움직이는 순간을 담아낸다. 수년간 혹독한 현장에서 모험 다큐멘터리 20여 편을 만들어온 멜뤼진은 두 사람에게 조언을 아끼지 않는다. 다른 사람들은 어느새 화장실 설치를 끝마쳤다.

우리끼리 '연결 통로'라고 부르는 곳을 처음으로 왔다갔다 한다. 카테드랄 통로에 위치한 연결 통로는 크림 통로 앞에 있는데, 완벽한 배수구 역할을 한다. 연결 통로에 우리가 쓰레기와 배설물이 담긴 통 여러 개를 놓으면 지상팀이 수거하여 처리한다. 물론 딥 타이머와 지상팀이 직접 만날 일은 없다. 아르노는 부식토로 화단 모양을 만들고 위에 보라색 전등을 설치한다. 다양한 식물이 온도 10도에 습도가 높고 자연광이 들어오지 않는 동굴의 환경에서 어떻게 자라는지 실험하기 위해서다.

생물학자인 아르노는 새로운 형태의 식용 식물 재배를 연구하고 있다. 그는 영양분과 미네랄 소금만 사용해 물을 주지 않고도 식물을 재배하는 기술을 실험하기도 하고, 도시 농장 콘셉트를 연구하기도 한다. 아르노는 편견 없이 모든 것에 흥미를 보이며 인생을 즐기는 성격이다. 우리는 악의와 짓궂은 기색이 전혀 없이 순수한 아르노를 놀리며 재미있어 할 때가 많다. 아르노의 웃음은 모두에게 전염된다. 그는 마치 영국인처럼 어느 정도 거리를 두는 것을 좋아한다. 아르노는 관찰력이 뛰어나며 특히 과학적인 관점에 대해서는 감정을 완전히 배제한다.

동굴 안에 있으면 언제 해가 뜨고 지는지 알 수가 없다. 아르노는 이런 환경에서 '인간'의 능력을 시험해 보자고 했다. 딥 타이머 네 명이 각기 다른 종류의 식물 재배를 맡아, 잠에서 깨면 불을 켜고 잠을 자러 갈 때는 불을 끔으로써 식물에게 필요한 빛을 조절하기로 했다. 식물 재배팀은 제비뽑기로 정해졌다. 나도 이 팀에 들어갈 수 있어서 너무 기뻤다. 아르노의 감독 아래 당근, 붉은 무와 하얀 무, 마늘을 심을 것이다. 아르노가 말한다.

"그런데 말이야, 아무것도 자라지 않을 것 같아. 붉은 무는 조금 자라다 말걸. 처음에 잎은 나겠지. 하지만 그 이상은 안 자랄 거야. 마늘도 조금 자라기는 하겠지만 확실하지는 않아."

동굴 탐사도 좋지만 소소하고 일상적인 일도 했으면 좋겠다고 생각했고 그래서 생각해 낸 것 중 하나가 식물 재배였다. 동굴에 들어오기 전 아르노에게 동굴에서 식물을 길러보자는 제안을 했을 때 아르노는 내게 이렇게 말했다.

"그래. 해볼 수는 있지. 재미있을 것 같아. 그런데 말이야, 아무것도 자라지는 않을 거야."

아르노는 동굴에서 식물을 키우는 것에 매우 회의적이었지만 동굴에서 식물을 가장 잘 키울 수 있는 시스템을 찾기 위해 노력했다. 그야말로 프로의 태도다. 아르노는 말은 회의적으로 해도 식물이 잘 자라기를 내심 바라고 있을 것이다. 동굴 안에 푸르른 텃밭이 생기면 우리에게도 좋은 일이다. 오렌지와 밤이 서로 나오겠다고 옥신각신하겠지. 그러면 동굴에도 봄이 찾아올 것이다.

우리가 배워야 할 것은 밧줄 타기뿐만이 아니다. 새로운 삶의 방식에 익숙해지는 법도 열심히 배워야 한다. 그러고 보니 수 많은 영화와 책에서 본 미국 서부 개척자가 된 기분이다. 그나 마 서부 개척자들과 달리 원주민들의 땅을 빼앗지는 않아 다행 이다. 어쨌든 우리도 서부 개척자처럼 우리가 살아갈 터전을 이 해하고 상황과 환경에 걸맞은 생활 방식을 고민해야 한다. 아무 것도 없는 동굴 안에서 개인과 집단이 기분 좋게 살아갈 수 있는 작은 마을을 만들어야 한다. 개인 공간과 그 외 필요한 활동 공 간을 마련하고 장비를 어디에 정리할지 정해야 한다. 음식을 종 류별로 어떻게 나눌지 정하고 화장실과 가스레인지를 사용하는 방법을 익혀야 하며 동굴 속에서 지켜야 할 안전 규칙을 배워야 한다.

이런 준비 과정에서는 생각을 많이 해야 한다. 동굴 안에서 일상을 보내려면 무엇이 필요한지 생각할 것이 한두 개가 아니 다. 수도꼭지를 틀면 물이 나오고 스위치를 켜면 불이 들어오며 쓰레기는 정기적으로 수거된다. 이러한 사회 기반을 마련하기까 지 우리 모두 얼마나 많은 생각을 했던가? 우리가 부드러운 빛을 받으며 소용히 양치질할 수 있는 것도 얼마나 많은 사람이 애써 준 덕분인가? 보이지 않는 곳에서 도와주는 사람들 덕분에 우리 는 양치질하면서 물을 뱉을 때 이 물이 어디로 가는지, 이 물은 마실 수 있는 것인지, 갑자기 전기가 나가면 어떻게 되는지를 걱 정할 필요가 없다. 하지만 여기서 몇 분 동안 전기가 나가면 우 리 모두 신경이 예민해질 수밖에 없을 것이다!

지하 동굴 세계에서 살면서 우리는 생활과 관련된 부분을 계속 생각하고 각자 일상에서 하는 행동이 어떤 영향을 끼칠지를 염두에 두어야 한다. 어떤 일이 일어나도 각자 침착하게 대응할 수 있도록 필요한 것은 빨리 배우며 맡은 일을 열심히 하는 것이 중요하다.

"여기 수첩에 음식이 분류된 각각의 통에 표시된 번호를 적어두었어. 음식을 꺼내면 해당 음식이 들어있는 통의 번호를 확인하고 수첩의 숫자 옆에 V 표시를 해야 해. 그래야 어떤 음식이 남아있는지 알 수 있으니까."

티펜이 수첩을 흔들며 설명한다.

음식 관리는 티펜과 코라가 담당한다. 그들은 매일 어떤 음식이 얼마나 남았는지 확인하고, 보관 기간에 따라 음식을 분류하여 딥 타이머 각자가 먹을 수 있는 음식의 양을 정한다. 팀원들 모두 집중하며 티펜의 말을 듣는다. 역시 사람들을 집중시키려면 음식 이야기를 해야 한다!

우리는 동굴에 있는 음식만으로 살아야 한다. 모자란 음식이 새롭게 채워지거나 하는 일은 없을 것이다. 식사는 각자 자유롭게 한다. 동굴 안에서 의무적으로 해야 하는 일은 그리 많지 않지만, 적어도 다른 사람들을 배려하기 위한 기본적인 세 가지 규칙이 있다.

1. 각자 자신의 생체리듬에 따라 생활한다. 피곤하면 가서 자면 된다.

자명종을 켜거나 억지로 잠에서 깰 필요는 없다. 배가 고프면 먹으면 된다. 이번 탐사의 목적은 개인별 생체리듬을 연구하고 이것이 집단에 미치는 영향을 조사하는 것이기 때문이다.

2. 어떤 이유에서든 다른 사람을 억지로 깨워서는 안 된다. 심각한 문제가 있을 때 빼고는 말이다. 마찬가지로 다른 사람에게 억지로 무엇을 먹게 하거나 졸린 사람을 억지로 붙잡아 두어서도 안 된다.

3. 각자 맡은 일을 한다. 프랑스에서 한 주에 5분의 1은 일하는 시간이다. 이러한 정도로 각자 할 일을 수행한다. 나머지는 자유 시간으로, 각자 하고 싶은 것을 한다.

결론적으로 우리는 각자 맡은 일을 하되 자신의 리듬에 따라 생활하면 된다. 대신 공동 작업을 할 때는 정해진 시간에 정해진 장소에서 대기하고 있어야 한다. 시간을 알 수 없는 데다가 각자 수면 시간과 생체리듬이 제각각이라 힘든 일도 있을 것이다. 동굴 안에서는 낮과 밤으로 이루어진 시간 계획에 따라 생활하는 것이 아니라 각자의 생체리듬에 따라 생활한다. 동굴 안에서는 하루가 언제까지인지 알 수 없고, 정확히 몇 시인지도 알 수 없다. 믿을 것은 오로지 자신의 생체리듬뿐이다!

첫날 밤을 지내자마자 우리는 서로의 생체리듬이 상당히 다르다는 사실을 알게 되었다. 첫 번째 저녁 식사를 하고는 모두

재빨리 잠자리에 들었다. 다들 동굴에 들어오기 며칠 전부터 이런저런 준비를 하느라 지친 것이다. 다음 날부터 각자 수면 패턴에 따라 일어나는 시간이 달라졌다. 프랑수아와 내가 제일 먼저 일어났고 다음으로 아르노와 코라가 일어났다. 이어서 에밀리를 제외한 모든 팀원이 일어났다. 겨우 하룻밤을 보냈을 뿐인데 다들 생활 패턴이 많이 다르다는 사실을 알게 되었다.

아침을 먹고 전문가들과 함께 프로젝트에 필요한 준비와 촬영, 실험 방식을 논의하다 점심을 먹었다. 전문가 몇 명이 우리 프로젝트에 참여한다. 스테판은 극한 상황에서 우리가 지니는 태도와 여러 감각을 실험한다. 캉탱은 두려움에 관여하는 인지 회로를, 브누아는 조수인 피에르 루이와 코랑탱과 함께 시간생물학을 연구한다. 브뤼노는 TF1 저녁 8시 뉴스 소속인 조수 테오와 실비, 플로리앙과 함께 이번 프로젝트의 촬영을 총괄한다. 과학 전문 유튜버인 테오와 레아는 처음 며칠 동안 우리 주변을 맴돌며 동굴에서의 초기 생활을 촬영한다.

· · ·

간식 이야기가 나오고 있는데 여전히 에밀리는 보이지 않는다. 나는 에밀리가 텐트 안에 잘 있는지 보러 간다. 아직은 익숙하지 않은 동굴 안에서 혹여 길을 잃은 것은 아닐까 걱정이 된다. 우리의 생활 공간은 동굴에서 500미터 이상은 들어와야 한다.

나는 테르미날 호수를 지나 '모래 언덕'을 뜻하는 기나긴 구르
Gours 통로를 거쳐 '거대한 교차로'라는 의미의 그랑 카르푸르Grand
Carrefour 통로 안에 있는 또 다른 작은 호수에 도착한다. 높아졌다
낮아지기를 수백 번 반복한 물살 때문에 바닥이 움푹 패어 걷기
가 힘들다. 동굴 벽에 길게 매달린 다양한 암석을 지금은 감상할
여유가 없다. 나중에 동굴 생활에 익숙해지면 여유를 가지고 자
연이 세월의 흐름 속에서 만든 동굴 작품을 원 없이 감상할 것이
다. 하지만 지금은 그럴 때가 아니다.

　　그랑 카르푸르 통로에서는 길이 세 갈래로 갈라진다. 내가
있는 곳은 구르 통로다. 오른쪽에는 어두운 입구가 거대한 입처
럼 벌어져 있는데, 어찌나 깜깜한지 헤드 랜턴에서 나오는 빛으
로는 안이 보일 것 같지 않다. 미스터리한 분위기가 물씬 풍기
는 그랑 카오Grand Chaos 통로는 실제로 넓은 미로처럼 되어있어 시
간을 들여 탐사해야 할 것 같다. 왼쪽에는 '사자'라는 의미의 리
옹Lion 통로가 시작된다. 길이는 250미터로, 앞에 높이 10미터가
넘는 암석 조각이 불쑥 튀어나와 있다. 리옹 통로는 생활 공간에
서 멀리 떨어져 있어 아주 조용하고 바닥도 평평하기 때문에 개
인 텐트 열다섯 개를 설치하기에 적합했다. 입구에는 '조용히 할
것'이라는 규칙이 적힌 현수막을 걸어두었다. 앞으로 나가자 헤
드 랜턴의 빛이 우리의 과학 공간을 비춘다. 우르사Ursa가 제공한
절연체 XPS 판이 설치된 곳으로, 물이 닿지 않게 하기 위해 받침
대를 만들어 그 위에 올려두었다.

마침내 에밀리의 텐트가 있는 곳까지 다 왔다. 숨 쉬는 소리가 둔탁하게 들리자 순간 안심이 된다. 응급 간호사인 에밀리는 마치 작은 듀라셀 건전지 같다. 레위니옹섬에서 태어난 에밀리는 섬사람답게 화려한 색상의 티셔츠나 액세서리를 좋아한다. 자연을 사랑하고 새로운 것에 도전하는 것을 즐기며, 엄청난 에너지로 쉬지 않고 활동하는 만큼 빨리 피곤해진다. 그럴 때면 한숨 자고 몸 안의 배터리가 충전되면 다시 일어나 활동한다. 가족과 화기애애한 분위기 속에서 살아서 그런지 기본적으로 사람들에게 따뜻한 에밀리는 요즘 세상에서 보기 드물게 진심 어린 친절을 베풀 줄 아는 사람이다. 에밀리가 텐트에 잘 있는 것을 보고 안심이 된 나는 다시 현장으로 가서 밧줄 타기를 가르친다.

그리고 얼마나 지났을까? 몇 사람이 저녁 식사를 준비하기 시작한다. 그런데 아직도 에밀리는 코빼기도 보이지 않는다. 내가 동굴 탐사 장비를 정리하고 있는데 멜뤼진이 다가온다.

"에밀리 깨워야 하는 거 아냐? 동굴에 들어오기 전에 에밀리가 인터뷰에서 동굴 속 텐트에 혼자 있는 것이 제일 무섭다고 했잖아. 이제 모두 잠자리에 들 텐데 에밀리가 그때서야 잠에서 깨면 하루 종일 혼자 있게 되는 거잖아."

사실 걱정스럽기는 하다. 시간을 알 수 없고 환경이 달라진 동굴이 우리 각자에게 어떤 영향을 끼칠지는 나도 아직은 전혀 알 수 없다. 동굴에서 보내는 처음 며칠이 앞으로의 생활을 좌우할 것이다. 동굴 생활의 초반부를 두려움으로 시작하는 것은 그리 좋은 생각이 아니다. 첫날부터 커다란 딜레마가 덮쳐온다. *아무도 깨우지 말라는 규칙을 깰 것인가, 아니면 혼자 있는 것이 무섭다고 한 에밀리를 계속 저렇게 방치할 것인가.* 나는 곧 결정을 내린다.

멜뤼진은 내가 아는 최고의 모험가다. 현장 감각도 뛰어나고 세심한 성격의 멜뤼진은 어딜 가나 뛰어난 사람과 함께한다. 뿐만 아니라 언제나 문제를 효과적으로 해결한다. 친절하고 단순한 성격의 멜뤼진을 보면 어떻게 파키스탄에서 소말리아, 이란에서 미얀마까지 전 세계를 여행했을까 신기할 정도다. 멜뤼진은 여행지를 고를 때 평화로운 자연의 풍경만을 생각하고, 복잡한 현지 상황이나 혹독한 기후는 전혀 고려하지 않는다. 멜뤼진을 탐험의 세계로 처음 초대한 사람이 바로 나다. 2009년에 멜뤼진과 함께 파타고니아의 육지와 바다를 누볐다. 멜뤼진을 만남으로써 나는 탐험가로서 성장했고, 더 성숙한 인간이 되었다. 멜뤼진의 직감은 거의 틀리는 법이 없었다.

멜뤼진과 나는 에밀리를 찾으러 간다. 리옹 통로에서 에밀리의 텐트까지 걸어가는 길에는 모래가 아주 많다. 에밀리는 여전히 깊은 잠에 빠져있다. 손목시계가 없으니 지금 몇 시인지 알 수 없다. 하지만 다른 사람들의 생체리듬을 고려할 때 대략 저녁 8시에 잠이 든 것이 아닌가 한다. 다른 사람을 깨워서는 안 된다는 규칙을 어겨야 한다는 것이 마음에 걸려 잠시 망설인다. 내가 세운 규칙을 스스로 깨야 하다니…. 하지만 멜뤼진은 인정사정보지 않고 에밀리를 흔들어 깨운다. 에밀리가 눈을 뜬다. 아직 잠에서 덜 깬 눈빛이다. 에밀리의 눈빛은 처음에는 밝다가 이내 걱정스러워진다.

"와, 꿈 한번 대단했네! 그런데 둘이 왜 그래? 무슨 문제 있어?"

에밀리의 반응을 보니 안심이 된다.

"아무 일도 없어. 그런데 다른 사람들은 이미 저녁을 먹고 있어. 조금 있으면 다들 잠자리에 들 거야. 네가 잠에서 깰 때 혼자 덩그러니 있을까 봐 걱정이 돼서 왔어. 혼자 있는 것이 제일 무섭다고 했잖아. 그래서 깨우려고 온 거야."

내가 에밀리에게 설명한다.

아무 일 없다는 것을 알고 안심한 에밀리는 그제서야 살짝 미소를 짓는다.

"아, 이런, 놀랐잖아! 그래, 혼자 있으면 많이 불안하기는 해. 하지만 그 두려움을 극복해 보려고 여기에 온 것이기도 해."

내가 한 말의 뜻을 갑자기 이해한 듯 에밀리가 웃으며 말을 이어간다.

"내가 하루 종일 잤다는 말을 하고 싶은 거구나! 이런, 더 오래 자면 기록을 깨는 건데!"

에밀리가 갑자기 우리를 껴안는다. 멜뤼진과 나도 에밀리를 안으며 웃는다.

"어쨌든 너희 둘 다 나에게 와줘서 기뻐. 그래도 앞으로는 걱정하지 마. 우리 모두 여기 규칙에 동의해 따르고 있는 거니까. 시계도, 자명종도 가져와서는 안 된다는 규칙 말이야. 무슨 일이 있어도 나를 포함해 우리 모두 끝까지 게임을 즐길 거야."

맞는 말인데 왠지 감동적이다. 아무리 불안해도 성공적인 동굴 탐사를 위해 규칙을 따르기로 했다는 말이 뭉클하게 느껴진다.

앞으로 40일이 지나 프로젝트가 끝날 때까지 아무도 깨우지 않을 것이다. 결심은 확고하다.

04

일상은
어떻게 만들어지는가

개인과 공동체

✴

눈을 떴을 때 칠흑 같은 어둠 속에서 별이 몇 개 보였는데, 진짜 별은 아니다. 잠에서 깨어나 머리를 움직이자 갑자기 피가 몰리면서 현기증이 일어났고, 그래서 순간 반짝이는 별을 본 것 같은 착각이 든 것이다. 일시적으로 피와 산소가 부족해지면서 이것이 두뇌에 전달되어 망막에 섬광이 반짝거린 셈이다. 긴장된 동맥이 차분해질 때까지 잠시 기다린다. 이제 내 눈앞에 보이는 것은 칠흑 같은 어둠뿐이다. 작은 빛줄기도 없다! 잠에서 깰 때 이런 경험은 이미 수차례 했으나 이날의 경험이 유독 인상적이다. 인생을 길게 산 것은 아니지만 밤이라고 해도 이렇게 빛 하나 없는 어둠을 경험해 본 적은 거의 없다.

잠시 몸을 움직이지 않고 눈앞을 응시한다. 아무것도 보이지 않는다. 처음에 동굴에 들어왔을 때는 나도 모르게 몇 시인지 보려고, 내가 잠을 충분히 잔 것인지 아닌지 알아보기 위해 휴대폰을 찾았으나 지금은 그렇지 않다. 마치 약물 중독에서 벗어난 사람처럼 휴대폰에서 해방된 것이다.

휴대폰 없이 생활하다 보니 그동안 휴대폰이 일상에 얼마나 커다란 비중을 차지하고 있었는지 알게 되었다. 우리는 모니터에 뜨는 숫자 혹은 알람 소리에 지나치게 의존해 왔다. 어쩌면 휴대폰의 알람 소리에 따라 욕구를 조절해 온 걸지도 모른다. '새벽 2시 10분이네. 너무 이르다. 졸리지는 않지만 더 자야겠다', '새벽 6시 20분. 좋아, 일어나도 되겠다' 같은 식이었다. 그런데 여기 동굴 안에서는 휴대폰의 시계도, 알람 소리도 없다. 수면시간을 생체리듬에 맞춰야 하는 동굴의 일상에는 벌써 적응이 되었다. 생체리듬에 따라 잠에서 깨니 마음이 편하다. 내가 어떤 상태인지 알려주는 것은 오직 나 자신의 감각뿐이다.

심장 박동, 관절, 혈압, 체온 등 몸이 알려주는 지표에 그동안 우리는 충분히 귀 기울이지 않았다. 습관적으로 시계나 태양이 알려주는 대로 행동을 해왔기 때문이다. 예전에는 생체리듬이 실제로 무엇인지 신경을 쓰지 않으며 살았지만, 이제는 자신의 생체리듬을 느끼는 법을 새로 배워야 한다. 감각은 소중하기 때문에 잘 이해할 필요가 있다.

어떤 세상에 들어왔다는 것은 그 세상을 온전히 있는 그대로 받아들이는 것과 같다. 아무것도 가정하지 않고 보이는 세상을 그대로 경험하는 것이다. 탐험을 하면서 내가 세운 기본 원칙은 언제나 같다. 내가 처한 상황과 주변 환경에 100퍼센트 몰입하고 애써 바꾸려 하지 않을 것, 다른 장소나 다른 순간과 비교하지 않을 것, 그리고 지나치게 상황과 환경을 미화하지 않을 것. 현재의 상황과 환경을 있는 그대로 바라보자는 것이 나의 원칙이다.

지금도 시간의 개념에 얽매이지 않고 현재의 환경을 온전히 느끼려고 노력하고 있다. 바깥은 몇 시나 되었는지 생각하지 않는다. 여기서 시간을 셀 수 있는 방법도 굳이 생각하지 않는다. 물론 모두 나처럼 하는 것은 아니다. 시간이 없는 상황을 받아들이는 데 어려움을 겪는 딥 타이머도 있다. 기존의 습관에서 완전히 벗어나지 못한 팀원들에게 탐험이 끝날 때까지 계속해서 이런 말을 들을지도 모르겠다. "지금 몇 시쯤 되었을 것 같아?"

기분이 상쾌하다. 전혀 피곤하지 않다. 침낭에서 전해지는 따뜻함을 잠시 즐긴다. 첫날 밤은 춥게 느껴졌다. 아무리 침낭이 있어도 옷을 따뜻하게 입어야 했다. 동굴에 오기 전 이런저런 준비를 하느라 피곤해서 그랬던 것 같다. 동굴의 습도 100퍼센트는 아직도 낯설기는 하다. 같은 환경이어도 모두가 다르게 느낄 것이다. 습도 문제도 딥 타이머마다 느끼는 정도가 다르다. 저마다 자신이 느끼는 기분에 맞게 적절한 조치를 취하고 있다. 마고는 침낭을 두 개 겹쳐 놓고 잠을 잔다. 옷을 껴입고 잠을 자는 딥 타이머도 여러 명이다.

딥 타이머는 대부분 캠핑에서 흔히 사용하는 형태의 침대를 사용한다. 하지만 나는 텐트 바닥에 깔린 매트 위가 더 편하다. 몸을 뒤척여도 소리가 덜 나기 때문이다. 좀 더 구석진 곳에 있는 마르탱의 텐트에서는 잠든 마르탱이 몸을 돌릴 때마다 한숨을 쉬는 것 같은 소리가 난다. 나는 매트에서 자는 데 너무 익숙해져서 침대에서 자려고 하면 불편하다.

등을 기대고 몸을 뻗어 주변 소리에 집중한다. 뒤로는 종유석에서 물방울이 규칙적으로 떨어지는 소리가 들리는데, 그 속도가 점점 느려지는 것 같다. 혹시 바깥 날씨가 달라진 것일까? 물방울이 떨어지는 소리 외에는 아무것도 들리지 않고, 깊은 침묵만이 흐른다. 리옹 통로는 폭과 높이가 5미터로 트여있고, 텐트는 약 10여 미터씩 떨어져 있으나 소리가 윙윙거리며 울린다. 옆 텐트에서 나는 소리가 그대로 들릴 때도 있다.

갑자기 아무 소리도 들리지 않는다. 모두 이미 잠에서 깼거나, 아니면 모두 깊이 잠들어서일 것이다. 소리가 하나의 지표로서 주변에 영향을 미치는 일에 대해 이야기를 나눈 적이 있다. 예를 들어서 여러 사람이 바스락거리며 움직이는 소리가 들린다고 해보자. 그러면 나도 일어나야 한다는 뜻일까? 사실 우리의 생체리듬은 각자가 인식하는 바에 따라 아주 정교하게 조정되기 때문에 서로 이해할 수 없다. 따라서 어떤 소리가 들리거나 어떤 움직임이 느껴진다고 해서 반드시 도움이 되는 정보라고 할 수는 없다. 예를 들어 스스로 충분히 잠을 잤는지는 다른 사람들의 소리나 움직임으로 판단할 수 없다. 그보다는 자신이 느끼는 것에 집중하는 편이 낫다.

나는 헤드 랜턴을 조용히 켠다. 아침에 받은 설문지를 작성한 후 옷을 입고 텐트에서 나갈 준비를 한다. 여기서 몇 미터 떨어져 있는 온도계를 얼핏 보니 동굴 안의 기후가 그리 쾌적하지는 않다. 습도는 여전히 100센트이고 온도는 9.6도에서 10도 사이를 왔다갔다한다. 매일 아침 잠시나마 오늘은 동굴 속 기후가 조금 더 괜찮을 수도 있다고 기대할지도 모른다. 하지만 동굴의 기후가 조금이라도 변할 일은 없다.

텐트로 이루어진 우리의 작은 마을을 조용히 걸어 나온다. 딥 타이머마다 텐트에 개성이 뿜어져 나온다. 에밀리는 텐트 앞에 레위니옹의 국기를 걸어놓았다. 티펜은 그림과 가족에게 받은 글, 마른 꽃다발로 텐트를 장식했다. 마르탱은 텐트 안에 가족과 친구들의 사진을 걸어두었다. 우리에게 텐트는 작은 집과 같다. 이 안에서 우리는 각자 잠을 자거나 책을 읽거나 생각을 하거나 작업을 하면서 시간을 보낸다.

리옹 통로 끝에서 오른쪽으로 방향을 틀면 우리의 생활 공간이 나온다. 동굴에서 나는 소리를 벗 삼아 이렇게 돌아다니는 순간이 너무 좋다. 가끔은 이 즐거움을 오래 누리기 위해 아주 천천히 걷거나 잠시 멈춰서 멋진 석순을 바라본다. 마침 구르 통로에는 석순이 많다.

· · ·

테르미날 호수를 지나면 화장실과 욕실로 사용하는 텐트가 나온다. 물의 온도는 겨우 9도다. 그래도 추위를 안 타는 사람이라면 괴로워하지 않고 사용할 수 있다. 샤워할 때 각자 사용할 수 있는 물의 양은 최대 4리터다. 나는 잠시 사다리와 널빤지로 만든

급수탑 앞에 멈춰서 여과된 물이 있는지를 확인한다. 위에 있는 양동이에 물을 부으면 정화기를 통해 마실 수 있는 물이 아래로 내려온다. 직접 고안한 이 시스템은 효과적이지만 한계도 있다. 우리가 평소에 물을 사용하던 방식을 이 기회에 상당히 바꿔야 했다.

사용한 물을 여과시켜 다시 사용하고, 남은 오물은 쓰레기와 함께 배출하자는 취지로 이 시스템을 만들었다. 가능한 한 환경을 보호하고 싶은 마음에 우리는 설거지를 하거나 씻을 때 자연 친화적인 알렙^Alep 비누를 사용하기로 했다. 그런데 여과 필터가 거품으로 막혀서 작동하지 않는 문제가 생겼다. 몇 번 시도해 봤으나 결과는 같았다. 물을 제대로 여과해 재사용하기는 힘들 것 같았다. 결국 우리는 급수탑을 사용해 마실 물만 정화하고 사용한 물은 동굴 밖으로 배출하기로 했다. 배출된 물은 청소용으로 사용될 것이다. 덕분에 물을 절약하는 법과 동굴 밖으로 쓰레기를 배출하는 법을 제대로 배울 수 있었다.

바로 옆에 있는 생활 공간에 도착한다. 여전히 다들 자고 있다. 내가 제일 먼저 일어나는 편이다. 간혹 마리 카롤린, 아르노, 프랑수아, 코라 또한 일찍 일어나 조용한 순간을 만끽하기도 한다. 동굴 안에서 '태양' 역할을 하는 둥그런 조명등 에어스타가 받침대 위에 잘 놓여있다. 에어스타는 최소 세 사람이 모여야 켜는 것이 규칙이다. 평소에는 작은 조명등에 의지하는데, 우리가 가져온 두 대의 엑시스^Axis 카메라에 들어가는 것과 비슷하다. 카메라로는 우리가 주로 활동하는 공간을 촬영하는데, 집단 활동을 사회적, 생태풍속학적으로 연구하기 위해서다. 부드럽고 약한 조명등 빛을 받은 심티에르 통로는 아늑한 분위기를 풍긴다. 거대한 마무트 바로 옆에 위치한 심티에르 통로에는 우리의 장비가 놓여있다. 아침을 먹으며 이 멋진 풍경을 보는 일은 아무리 반복해도 질리지 않는다. 이런 멋진 풍경을 볼 수 있어 행운이라고 생각한다.

오늘 아침, 나 말고 잠에서 깬 사람은 멜뤼진뿐이다. 멜뤼진은 마지막으로 동굴을 혼자 둘러보고 싶어 한다. 멜뤼진은 6일 동안만 우리와 함께 머물며 마리나와 촬영팀을 도와 편집용 필름을 안전한 하드 디스크에 저장하는 업무를 맡기로 했다. 그런데 이제 동굴에서 나갈 때가 되었다고 결심한 것이다.

탐험하는 사람들은 기본적으로 인간관계에 담담한 편이다. 끈끈하면서도 서로의 경계를 존중한다. 사람마다 특별한 사정이 있고, 이를 탐험 기간 동안 바꾸기란 쉽지 않다. 멜뤼진은 임신 중이었기 때문에 40일 동안 우리와 함께 동굴에서 머무는 실험을 할 수는 없었다. 그래서 이틀 동안 동굴에 머물다 나간 기자와 마찬가지로 중간에 동굴에서 나가는 것으로 합의를 봤다. 멜뤼진은 이제 딥 타임의 끝을 알려야 할 때에나 동굴에 들어올 것이다.

6일이 지났을지는 알 수 없다. 그런데 돌연 지금이 그때라고 결심한 멜뤼진은 더 이상 망설이지 않는다. 다미앵, 마고, 프랑수아, 티펜이 잠에서 깨어나자 멜뤼진은 이들에게 수수께끼를 내 듯 질문한다.

"내가 동굴을 나가는 순간은 며칠 몇 시일까?"

"월요일 오후 1시."

마고가 확신에 차서 대답한다.

"아니, 그보다는 빠를 것 같은데. 월요일 새벽 6시 정도."

프랑수아가 반박한다. 다미앵도 프랑수아에게 맞장구를 친 다.

멜뤼진이 긍정하듯 고개를 끄덕인다.

"응, 나도 그렇게 생각해. 월요일 아침 8시와 9시 사이일 것 같아."

그리고 멜뤼진은 동굴 벽에 칠판 세 개가 나란히 세워진 곳 으로 간다. 첫 번째 칠판에는 과학 실험과 관련한 정보와 지시 사항을 적어 놓았다. 예를 들어 '가상현실을 테스트하려면 과학 공간으로 갈 것'과 같은 문장들이 적혀있다. 두 번째 칠판에는 어 떤 음식이 얼마만큼 남았고 공동 활동을 위해 무엇이 필요한지 가 적혀있다. 서로 제안하고 싶은 것이 있다면 여기에 쓰면 된다. 세 번째 칠판이 가장 중요하다. 여기에는 딥 타이머 열다섯 명의 이름과 여러 활동 장소가 적혀있다. '생활', '잠', '과학', '탐험'…. 딥 타이머는 어딘가로 이동할 때마다 여기에 마그넷으로 표시해 야 한다.

이 세 번째 칠판은 일정과 안전 사항을 점검하고, 공동생활에 대한 과학적인 연구 자료를 확보하는 데 아주 중요하다. 딥 타이머들은 반드시 마그넷을 제대로 놓아야 한다! 내가 잘못된 곳에 놓인 다른 딥 타이머의 마그넷을 얼마나 많이 제자리에 옮겨 놓았는지는 굳이 세어보고 싶지 않다. 다른 딥 타이머도 내가 실수로 옮겨 놓지 않은 마그넷을 제자리로 이동시켰을 수 있으니 말이다.

첫날 저녁, 동굴 생활의 규칙을 설명하는 회의가 열렸다. 그때 처음으로 칠판 위에 각각 마그넷을 붙여 놓았다. 모험을 하고 싶은 사람은 '모험'이라고 적힌 곳에 자신의 마그넷을 부착했다. 각자 자신의 리듬대로, 남들과는 다른 자신만의 시간 개념으로 생활하는 세상에 살고 있다는 것이 실감나는 감동적인 순간이었다. 마그넷을 보고 우리는 서로가 얼마나 떨어져 있는지도 파악할 수 있다. 세 개의 칠판은 우리의 활동에 꼭 필요한 자료를 제공한다.

멜뤼진이 세 번째 칠판의 빈 공간에 이런 글을 남겼다. '너희들과 함께 동굴에서 며칠을 함께 보내 너무 행복하고 영광이었어. 곧 보자. 즐겁게 지내. 멜뤼진.' 그리고 세 번째 칠판에 적힌 자신의 이름을 손으로 지운다. 멜뤼진이 동굴에서 한 마지막 행동이다.

나는 멜뤼진을 카테드랄의 연결 통로까지 데려다준다. 우리는 거의 아무 말도 하지 않는다. 멜뤼진은 마치 배를 버리고 가는 것 같아 망설이면서도 배에서 나가게 되어 행복해하는 사람

같다. 나는 걱정하지 말라고 멜뤼진을 다독인다.

"여섯 번의 사이클이 지날 때까지 우리와 함께 있어줘서 정말 좋았어. 네가 우리 팀에 얼마나 도움이 되었는지 몰라! 정말 완벽했어. 이제 푹 쉬고 몸 잘 챙겨. 그리고 바깥에 있는 팀들도 잘 부탁해. 그동안 도와줘서 고마웠어."

"정말이지 환상적인 프로젝트야. 이번 프로젝트에 함께 할 수 있어서 너무 행복해."

멜뤼진이 주도한 탐험이든 내가 주도한 탐험이든, 우리는 이미 이렇게 작별 인사를 나눈 적이 많다. 우리는 한때 커플이었으나 지금은 친한 친구가 되었다. 그러나 헤어지는 순간의 기분은 언제나 똑같다. 모험에서는 한 치 앞도 예상할 수 없으니, 앞으로 어떤 일이 생길까 걱정이 된다. 멜뤼진이 날 꼭 껴안으며 속삭인다.

"너도 건강 잘 챙겨. 대규모 프로젝트에서 팀을 총괄하잖아. 거기에 실험까지 하고. 늘 바빠서 여기저기 뛰어다니던데, 좀 쉬어야 해. 너무 혼자서 다 하려고 하지 마. 즐기면서 하라고. 늘 네가 하는 말이 있잖아. 즐거움이 정말 중요하다고. 팀원들과 잘 지내. 너희 딥 타이머들은 처음으로 동굴에서 오랫동안 공동생활을 해보는 선구자야. 정말 대단해! 동굴에서 즐겁게 지내. 그러려고 이 동굴을 택한 거니까 말이야!"

일주일 전에 제레미와 동굴에서 헤어졌을 때처럼 이제는 멜뤼진이 크림 통로로 가는 모습이 보인다. 크림 통로는 동굴 내부와 금단의 외부 구역을 나누는 경계선이다. 멜뤼진이 출구로 걸어가는 모습을 보며 잠시 서있는다. 멜뤼진이 동굴 밖으로 나가면 몇 시일까? 문득 궁금해진다.

딥 타임을 하며 바깥의 시간을 생각하는 것은 이번이 마지막이 될 것이다.

05
우리 사회에는
수많은 그림자가 있다

멜뤼진 이야기

크리스티앙을 뒤에 남겨 놓고 크림 통로를 지나가는 이 순간이 싫다. 마치 크리스티앙을 버리고 오는 것 같은 기분이다. 딥 타이머들과 헤어지다니 슬프다. 생각보다 동굴 생활이 그리 나쁘지 않았다. 처음에 동굴에 들어와 잠을 잘 때는 주변이 칠흑같이 어두워서 무섭기도 했고 늘 혼자 있어 외롭기도 했지만 말이다.

내가 있는 곳은 동굴 속 본부와 적당히 떨어져 있어 북적거리는 소리로 방해받지 않으면서도, 사람들이 생활하는 소리도 어느 정도 들을 수 있어 고립감은 느끼지 않았다. 나중에 들은 말이지만, 내가 나가고 나서 딥 타이머들이 내가 생활하던 곳을 '멜뤼진 공간'으로 불렀다고 한다. 멜뤼진 공간은 명상과 요가, 낮잠을 위한 곳이 되었다. 명상은 동굴에서 이루어지는 연구 활동 중 하나기도 하다.

동굴 속에 좀 더 있었으면 좋지 않았을까? 계속 외부와 차단된 채 시간을 보냈으면 더 좋지 않았을까? 이런 생각이 든다. 그 멋진 동굴을 더 감상했으면 좋지 않았을까 한다. 여유를 가지고 동굴이 내는 숨소리와 규칙적으로 떨어지는 물방울 소리를 들었으면 좋았을 것 같다. 내가 있다고 해서 딥 타이머들이 불편해하

지는 않았다는 사실을 알고 있다. 그렇지만 딥 타이머들에게도 혼자만의 시간이 필요할 테고 나도 조금은 쉬어야 할 것 같아서 동굴을 떠났다.

지상팀을 관리하고 딥 타이머들의 촬영 업무를 위한 교육을 하다 보니 정작 나를 돌보지 못했다. 동굴 안에서 나는 가장 일찍 일어나고 가장 늦게 자는 사람들에 속했다. 피곤하고 지칠 때도 있었으나 동굴 속에 작은 세계가 만들어지는 모습을 보면 절로 흥분이 되었다! 마치 낯선 행성에 처음 도착해 살아갈 준비를 하는 사람이 된 듯한 기분이었다.

크리스티앙이 이번 딥 타임 프로젝트를 구상한 것은 시간의 메커니즘을 이해하고 낯선 곳에서 공동체가 만들어지는 과정을 알아보기 위해서다. 인간의 훌륭한 모험을 관찰하는 이번 프로젝트에 초반 며칠 동안 참여해 도움을 줄 수 있어 행복했다.

카렌 통로의 철문이 보인다. 이전에 제레미가 했던 것과 비슷한 행동을 한다. 기자들에게 문을 열어주었던 열쇠로 이제 직접 문을 열어 동굴 밖으로 나가야 한다. 철문의 자물쇠를 다시 잠그는 순간 잠시 망설여진다. 나는 결코 감옥을 지키는 간수는 아니다. 하지만 철문은 아름답지 않아도 필요한 것이다. 동굴 안에는 자동발전기로 작동하는 전화가 있어서 전기 에너지가 없어도 급한 일이 생기면 외부와 통화를 할 수 있다. 우리가 어릴 때 가지고 놀던 장난감 전화기처럼 말이다. 프로젝트는 잘될 것이다. 딥 타이머들은 단단해 보이니까. 다만 동굴 안에서는 시간을

알 수 없으니 많이 불편할 것 같긴 하다. 모두 잘 견디기를 바랄
뿐이다.

　카렌 통로를 걷는다. 마치 오래전에 걸었던 길 같다. 일주일
만에 나는 이미 시간 개념을 완전히 잃어버렸다. 공기가 점점 달
라지는 것이 느껴진다. 차가운 바람, 축축한 식물 냄새, 갑자기
느껴지는 빛줄기, 바깥의 빛. 즐겁다. 뭐라고 표현할 수 없을 정
도로 흥분된다. 바깥은 낮이다. 밤이 아니다! 내 예상이 맞았다.
지금은 월요일 아침이 틀림없다. 내 쪽으로 제레미와 자원봉사
자 메드이가 빠르게 걸어온다. 내 생각과 달리 제레미는 그리 기
뻐하지 않고, 걱정스러운 표정으로 거의 달려오다시피 한다. 그
는 내 뒤를 계속 살핀다.

　"멜뤼진, 괜찮아? 누구와 같이 있는 거야? 딥 타이머 한 명이
기권한 거야?"

　그들이 당황한 이유를 알 것 같다. 동굴에서 나가는 모습을
고프로 카메라로 촬영하면서 혼잣말을 하는 내 모습이 마치 누
구와 함께 있는 것처럼 보인 것이다. 자초지종을 알고 나서야 두
사람은 안심하고 기쁘게 나를 맞이한다. 메드이가 웃으면서 묻
는다.

　"지금 몇 시일 것 같아?"

　"월요일 아침 9시쯤?"

　두 사람이 웃음을 터뜨리는 것을 보니 내 예상이 완전히 빗
나간 것 같다. 메드이가 말없이 내게 자신의 손목시계를 건넨다.

지금은 일요일 오후 6시 30분이다. 무려 내가 생각한 시간과 열세 시간이나 차이가 난다. 열세 시간이면 호주 캔버라와 미국 뉴욕 사이의 시차다. 내가 완전히 틀렸다. 시간을 알고 나니 당혹스러움을 감출 수 없다. 동굴에서 짧게 지낸 나도 이런데, 나중에 딥 타이머들이 동굴에서 나오면 3일 이상 차이가 날 수도 있겠다. 시간의 개념에서 3일의 차이가 많은 것인지 적은 것인지는 잘 모르겠다. 지금은 그저 피곤하다는 생각뿐이다.

제레미와 메드이의 손에 이끌려 지상팀이 있는 롱브리브 동굴 입구 쪽 마멜 통로에 도착한다. 동굴에서 아침을 먹고 나왔는데, 지금은 저녁 식사 자리에 있다. 앞으로 일주일간 우리를 도울 자원봉사자 마릴렌과 인사를 나눈다. 지금 동굴 안에 있는 마리 카롤린의 친한 친구인 마릴렌은 동굴 생활에 대해 이런저런 질문을 건넨다. 사람들이 내게 따뜻한 스프 그릇을 건네고는 각자 스프를 먹기 시작한다. 모두 사탕과 초콜릿 봉지를 본 어린아이처럼 신나 보인다. 스프는 맛있지만, 이렇게 흥분할 정도로 남다른 맛인지는 잘 모르겠다. 잠시 후 사람들이 왜 스프에 그토록 흥분했는지 알게 되었다.

"이번 주에 처음 먹어보는 따뜻한 음식이거든. 주방을 설치할 시간이 없었어."

제레미가 말해준다.

새삼 시설을 둘러본다. 받침대 두 개 위에 놓인 판자, 침낭을 갖춘 간이침대, 음식이 담긴 통 등이 눈에 들어온다. 전부 비와 차가운 바람에 훼손되지 않도록 잘 보관되어 있다. 여기는 안전한 장소다. 나는 웃으면서 사람들에게 말한다.

"주방이 별건가, 탁자와 의자만 있으면 되지!"

"탁자와 의자도 겨우 마련했어."

메드이가 다소 의기소침하게 대답한다.

메드이의 말을 들으니 괜히 슬퍼진다. 스태프들의 고생이 이만저만이 아니다! 동굴에 필요한 시설을 설치하던 순간들을 떠올려본다. 이번 프로젝트를 위해 수백 명이 수고해 주었다. 먼 곳에서 와서 필요한 물품 목록과 운송 등을 관리해 주는 사람도 있다. 보이지 않는 수고는 대부분 쉽게 잊히는데도 말이다! 수십 명의 자원봉사자가 4.5톤이 넘는 물건을 위사시에서 동굴 안까지 옮기는 일을 맡아주었다.

프랑스와 스위스 전역에서 도우러 온 사람들 덕분에 딥 타임이 시작되기 3주 전부터 동굴 안에 진짜 마을이 만들어졌다. 자원봉사자 중에는 딥 타이머의 가족이 꽤 있다. 코라의 어머니인 샹탈은 완벽한 기획 능력을 보여주었고, 마리나의 아버지인 프랑수아는 동굴 속 생활 공간을 위해 며칠간 공사를 맡아주었다. 크리스티앙의 부모님인 필립과 로즈마리, 그리고 나의 아버지인 로베르와 오빠 라파엘도 기꺼이 우리를 도와주었다. 각자 있는 곳에서 기쁘게 프로젝트를 지원해 준 사람도 많다. 이들이 하루에서 일주일까지 시간을 내서 도와준 덕분에 꿈 같던 이번 프로젝트가 단기간에 현실이 될 수 있었다. 모두 열심히 해준 덕분에 1년 동안 할 일을 단 며칠 만에 끝냈다.

모두 이번 프로젝트에 참여하며 코로나19로 잠식된 세상에서 몇 시간이나마 벗어날 수 있었다. 크리스티앙은 프로젝트 전반을 관리하고 최종 예산을 확보하고 과학 실험에 필요한 준비를 하기 위해 프랑스 여기저기를 뛰어다녔다. 제레미와 나는 과학 실험 준비를 관리했다. 자원봉사자들은 마치 산악 전문 지도 교사인 야니 튀를레Yannis Turlais의 인솔을 받는 히말라야의 셰르파 같았다. 동굴을 들락거리며 무거운 통과 판자, 가스레인지와 냉장고를 옮기면서도 미소를 잃지 않았다. 모두 이번 모험에 참여할 수 있어 즐거워했다. 보이지 않는 곳에서 수고한 사람들이 이렇게나 많다.

· · ·

할 일을 마친 자원봉사자들이 하나씩 떠났고, 마침내 제레미와 메드이만 남았다. 스태프들은 40일 동안 이곳에서 교대 근무를 하게 된다. 딥 타임 준비를 위해 이것저것 할 일이 많았기 때문에 동굴 입구를 지키는 지상팀은 정작 자신에게 필요한 것은 거의 준비하지 못했다.

"늘 시간이 부족했어."

제레미가 식사를 하며 해명한다.

"마무리하고 관리할 것이 엄청나게 많았으니까. 그리고 언론의 인터뷰 요청이 그렇게 쇄도할 줄은 상상도 못 했어. 나도 인터뷰하느라 정신이 없었거든. 마치 이미 프로젝트가 성공한 것처럼 물어보는 기자도 있었어! 겨우 첫째 날인데 말이야. 그래도 이제 필요한 것을 점점 갖춰갈 거야. 추워서 고생했거든. 눈까지 오고 말이야."

갑자기 제레미의 장갑 낀 손이 눈에 들어온다. 장갑을 끼고 밥을 먹으면 조금 불편할 것 같았다.

"손에 가벼운 동상이 생겼어. 추운 날씨가 며칠 이어졌는데 손이 이렇게 될 때까지 눈치를 못 챘어. 이제는 조심 좀 해야지."

제레미가 잠시 침묵을 지키더니 계속 말을 이어간다.

"프로젝트가 끝날 때까지 계속 장갑을 끼고 있어야 할 것 같아. 불편해도 어쩔 수 없지."

지상팀이 동굴 입구를 계속 지켜야 한다는 것은 처음에 예상하지 못한 일이었다. 이전에 이루어진 다른 동굴 탐사와는 다른 점이다. 예를 들어 미셸 시프르의 탐험은 외부와 일절 접촉하지 않고 이루어졌다. 연구 데이터 또한 시프르가 지상팀에게 전화해서 "지금 잡니다", "지금 먹습니다"와 같이 행동 하나하나를 일일이 보고하면 지상팀이 이를 기록하는 방식으로 수집했다. 여기에는 불편한 점이 세 가지 있었다. 첫째, 지상팀은 24시간 대기해야만 했다. 둘째, 지상팀을 상시적으로 지키는 사람들이 많아야 했다. 셋째, 무거운 장비를 설치해야 했다.

하지만 장점도 있었다. 시프르는 동굴 안에 있으면서도 전화로 건너오는 스태프들의 목소리와 주변 소리를 통해 낮인지 밤인지를 짐작했고, 시간 개념을 완전히 잃지는 않을 수 있었다. 전화는 마치 탯줄과 같이 세상과 그를 연결해 주는 매개체였다. 시프르는 전화로 지시도 받고, 가끔은 사적인 대화도 나누며 외부와 완전히 단절되었다는 느낌을 받지 않을 수 있었다.

　그래서 크리스티앙은 아주 위급할 때가 아니면 외부와 일절 통화를 하지 않는다는 원칙을 세웠다. 그는 최신 기술을 사용해 동굴 안에서 연구에 필요한 정보를 자체적으로 모으고자 했다. 다만 한 가지 외부의 도움을 받아야 하는 일이 있었는데, 바로 쓰레기통을 수거하는 것이었다. 쓰레기를 건네받으며 과학 연구와 관련된 쪽지를 주고받기로 했다. 쪽지의 내용을 보고 실험의 진행 상황을 개선하고 필요한 조사 장비를 새로 들일 수 있을 것이다.

　조사와 실험에 필요한 장비가 40일 동안 동굴 속 습도를 온전히 견디지 못할 것 같아서 걱정이었다. 데이터를 안전하게 보관하려면 외부로 보내야 했다. 따라서 동굴 안에서 촬영한 이미지가 저장된 하드디스크를 외부로 내보내기로 했다. 데이터가 담긴 작은 가방은 열쇠로 잘 잠겨있다. 자원봉사자와 딥 타이머들의 개인 정보를 보호하기 위해서는 보안이 필수다.

　첫 주에는 물을 정화하는 문제 때문에 동굴에서 요청한 추가 장비를 가방에 담아 안으로 보내주었다. 이제 딥 타이머들은 안전하게 물을 마실 수 있다. 어쩌면 스태프들이 쓴 쪽지의 문체가 지나치게 건조해서 딥 타이머들이 차갑다고 느낄지도 모르겠다. 하지만 감정을 싣지 않고 핵심에 집중하기 위해 어쩔 수 없이 택한 방식이다.

지상팀 사람들은 동굴에서 5분 거리에 위치한 곳에 만든 숙소에서 생활하기로 했다. 숙소 이름은 '태양은 가득히'로 지었다. 원래 스태프는 필요할 때만 동굴 앞을 지킬 예정이었으나, 프로젝트 시작 이틀 전 방침이 달라졌다. 첫 번째로는 갑자기 동굴을 나오게 될 딥 타이머가 생길 수 있어서였고, 두 번째로는 외부인들의 출입을 막기 위해서였다. 딥 타임은 언론의 관심을 한몸에 받았기 때문에 호기심으로 동굴 앞을 어슬렁거리는 사람이 있을 수 있었고, 실제로 첫날부터 우려했던 일이 있었다. 따라서 임시 텐트를 설치해 추운 동굴 입구에서 숙박하게 되었다.

지금은 저녁을 만끽하고 싶다. 동굴에서 나온 것은 내가 받은 특별한 배려이니 말이다. 내가 임신 중이라 모두 걱정하고 있다. 제레미는 나를 숙소로 데려다준다.

따뜻한 샤워를 오랫동안 즐긴다. 동굴에 있을 때도 샤워가 그립지는 않았다. 동굴 안에서도 특별히 찝찝하지는 않았으나 지금 따뜻한 물이 피부에 닿자 말로 설명할 수 없을 정도로 환상적인 기분이 든다. 마치 천국에 있는 것 같다. 몇 시간이고 샤워기 아래 있을 수 있을 것 같다. 몸의 긴장이 풀린다. 갑자기 내가 얼마나 피곤했는지를 깨닫는다. 그동안 이런저런 활동을 해서 피곤한 것인지 아니면 시간의 개념을 잊고 살다가 시간이 있는 삶으로 돌아와서 피곤한 것인지는 잘 모르겠다. 동시에 뭐라고 설명할 수 없지만 그리움이 사무친다. 동굴이 그립다. 정확히 말하자면 시간 개념이 없는 동굴에서의 삶이 그립다. 동굴에 무언가를 남겨두고 온 것처럼 마음이 허전하다.

몸을 제대로 말릴 기운이 없다. 무거운 몸을 이끌고 침대까지 온다. 이제 나의 하루를 시작해야 한다. 피곤에 지친 나는 그대로 침대에 털썩 눕는다.

· · ·

오전 8시 정도에 잠에서 깼다. 빗물받이 위를 뛰어가는 작은 다람쥐 소리 때문인지, 새소리 때문인지, 그도 아니면 방 안을 환하게 비추는 햇빛 때문인지는 모르겠다. 몸이 덥다. 살아있다. 여전히 비몽사몽이지만 기분은 너무 좋다.

이렇게 하루 종일 누워있으면 좋겠다는 생각이 든다. 몸 상태를 보니 지난 몇 주 동안 피곤했나 보다. 불안한 팬데믹 상황에서 이런 대규모 프로젝트를 우리 손으로 6개월 만에 준비했다니 지금 생각해도 놀랍다. 하지만 당시에는 서두를 수밖에 없었다! 봉쇄령이 계속해서 내려지는 상황이었기 때문에 딥 타임 실험을 하려면 시기와 방향성을 얼른 정해야 했다. 우리가 프로젝트의 큰 크림을 그려줘야 팀원들 또한 기운을 얻어 구체적인 준비를 할 수 있을 것이었다. 무엇보다 우리가 가장 중시하는 것은 적응력으로, 그저 기다리는 것이 아니라 적극적으로 답을 찾는 것을 추구한다. 우리에게는 과학팀과 딥 타이머 지원자들이 있었다. 아이디어만 있으면 불꽃은 만들 수 있다.

어쨌든 이제 자리에서 일어나야 한다. 지상팀의 일이 잘 되어가는지 확인하고 싶다. 딥 타임은 우주 탐험과 비슷하다. 우주비행사들과 마찬가지로 딥 타이머들도 낯설고 척박한 공간에 도착해 더 나은 환경을 만들기 위해 노력할 것이기 때문이다. 다만 지상팀이 동굴 안을 모니터링하고 있다는 것이 차이점이다.

위사시의 시내에 가서 동굴에 머무는 동안 수집한 중요한 이미지와 데이터를 복사했다. 동굴로 돌아오니 지상팀 세 명이 오후의 햇빛을 쬐고 있다. 곧 그늘이 지기 시작하자 메드이가 일어선다.

"갈까?"

메드이가 빈 수레를 끌며 무거운 발걸음으로 카테드랄 입구로 향한다. 아드레날린이 샘솟는 것 같다. 이 작업은 딥 타이머들이 눈치채지 못하도록 조용히 해야 한다. 딥 타이머들이 입구에 배설물 통을 놓을 때 우리와 마주치면 곤란해진다. 동굴 안에서는 작은 소리도 크게 울리므로 우리는 거의 숨도 쉬지 않는다.

크림 통로에 거의 다 왔을 때, 메드이가 멈춰서서 조용히 하라는 신호를 보낸다. 그리고 귀를 기울이며 주위를 살핀다. 능숙한 메드이와 달리, 나는 마치 첫 임무 수행에 나선 비밀 요원이 된 것처럼 긴장이 된다. 딥 타이머들의 배설물을 수거해 가는 임무라니, 대단하기는 하다! 동굴 안에서 벌어졌던 토론이 생각난다. 배설물 통을 동굴 입구에 가져다 놓으면 그 후에 어떻게 되냐는 것이었다.

바로 이 일을 처리하기 위해 내가 왔다. 주위는 너무 조용하고, 인기척은 느껴지지 않는다. 메드이가 다시 가자는 신호를 보낸다. 우리는 조용한 걸음으로 좁은 통로를 지난다. 다행히 아무도 보이지 않는다. 우리를 기다리는 것은 푸른색 통 네 개와 작은 검은색 가방뿐이다. 동굴 안과 밖을 드나들 수 있는 것은 통과 가방뿐이다.

배설물 통들을 보면서 크리스티앙과 내가 토론하며 보낸 시간이 떠오른다. 40일 동안 열다섯 명의 몸에서 나올 대소변 수백 킬로그램을 어떻게 처리할지에 관한 것이었다. 동굴 안에 구멍을 파서 배설물을 넣고 다시 흙으로 덮는 방법은 절대로 안 된다. 인간의 배설물은 여전히 환경을 오염시키며 질병을 퍼뜨리는 주범으로, 전 세계 많은 나라가 이 문제로 몸살을 앓고 있다. 인간의 배설물을 간단하게 처리하는 방법을 찾기란 얼마나 어려운지 크리스티앙과 나는 몸소 깨달았다.

우리는 각종 아이디어를 교환했다. 소변을 정화해 마시는 물이나 씻는 물로 다시 사용하는 방법, 75퍼센트가 수분으로 된 대변을 건조시켜 퇴비로 만드는 법 등의 아이디어가 나왔다. 모두 국제 우주정거장이 사용한 방법으로, 수백만 달러의 비용이 든다는 것이 문제였다. 아프리카에 대변을 건조하여 재처리하는 시설이 있는 것도 빌&멀린다 게이츠 재단이 기금을 지원했기에 가능했다. 역시 비용이 많이 들고 쉽게 할 수 없는 방법이다.

크리스티앙과 나는 인간의 배설물에 대해 상당히 많은 이야기를 나누었다. 배설물 처리는 아직 전 세계가 해결하지 못한 중요한 문제로, 불평등 구조를 그대로 보여준다. 인도만 봐도 2억 명이 넘는 사람들이 화장실이 없어 야외에서 볼일을 봐야 한다. 이 때문에 여성들은 각종 질병과 성병에 노출된다. 전 세계 인구의 절반 이상이 화장실 없이 생활한다. 동굴 안에서는 배설물 처리를 제대로 할 수 없으니 열악한 상황이라 할 수 있다.

배설물의 가장 큰 문제는 더럽기도 하지만 냄새가 지독하다는 것이다. 배설물 통들을 수거할 때 곤란한 부분이기도 하다. 주어진 시간 안에 동굴 안에 대대적인 화장실 설비를 마련할 수는 없었다. 비용도 많이 들지만 에너지를 많이 쓰게 된다. 결국 우리는 배설물 통들을 입구에서 정기적으로 수거해 퇴비처럼 건조시키고, 그러다 배설물의 양이 당국의 기준치를 넘으면 신고해서 정식으로 정화소로 보내기로 했다. 일단 배설물을 재활용하기 위한 최선의 방법을 찾았다는 데서 만족하기로 한다. 수십억 명의 사람들이 살아가는 동안 배설물은 계속 환경을 오염시킬 것이다. 그리고 우리도 시간이 날 때마다 동굴 입구로 가서 배설물이 든 통들을 수거해 와야 한다.

동굴에 다시 오니 기분이 정말 이상하다. 뭔가 가깝다는 기분이 들면서도 지난 며칠 동안 일상을 함께한 딥 타이머들이 멀게 느껴진다. 묘한 기분이다. 같은 시간대에 살고 있으면서도 동굴 안에 있는 사람들과 동굴 밖에 있는 사람들은 서로 왕래를 하지 않는다. 어제까지만 해도 나 또한 동굴 안에 사는 딥 타이머 중 하나였는데, 고작 하루 만에 '정상적인' 시간대에 살고 있는 외부인이 되어버렸다. *이것이야말로 시간 여행이 아닐까? 시간이라는 보이지 않는 장벽이 굳게 닫힌 카렌의 철문보다 동굴의 안과 밖을 더 엄격하게 가로막고 있는 것은 아닐까?* 동굴의 안과 밖이 다른 세계로 나뉜 것 같다.

메드이와 마릴렌은 크림 통로 맞은편에서 배설물 통 네 개를 가져와 수레에 올린 후 동굴 입구까지 간다. 입구부터는 배설물 통들을 우리가 등에 짊어지고 울퉁불퉁한 길을 지나 주차장까지 가야 한다. 마릴렌이 메드이의 도움을 받아 즉시 통 하나를 짊어진다. 처음 며칠은 통이 배설물로 가득 찼다. 무게가 30킬로그램을 넘을 때도 있었다. 대부분의 자원봉사자가 짊어지기 힘든 무게로, 갑자기 비틀거리기라도 하면 아무리 뚜껑을 덮었어도 소변이 흘러나올 수 있었다. 결국 제레미가 딥 타이머들에게 배설물 양을 너무 가득 채우지 말아달라는 쪽지를 전달했다. 잘된 일이다. 자원봉사자들은 키가 190센티미터, 몸무게는 100킬로그램에 이르는 딥 타이머 알렉시만큼 건장하지 않다.

제레미의 자동차 뒤칸에 통들을 넣어 1킬로미터 떨어진 철길 근처 공터의 한가운데에 있는 정화조로 향한다. 메드이와 마릴렌은 고무장갑을 끼고 차에서 통들을 꺼낸 다음 정화조로 다가간다. 3미터 높이의 콘크리트가 가운데 뚫린 구멍을 에워싸고, 위에 있는 금속 철책을 여닫을 수 있도록 되어있다. 비현실적인 광경이다.

메드이가 통을 열고 쓰레기봉투를 꺼낸다. 봉투를 묶고 있는 끈을 풀고는 그 안에 있는 배설물을 5미터 깊이의 정화조 구멍에 쏟아붓는다. 어쨌든 나는 이 장면을 촬영해야 하기에 카메라를 들면서도 놀란다. 정화조에 쏟아진 배설물은 냄비에 라비올리를 붓는 것과 비슷한 소리를 낸다. 엄청난 양의 배설물이 구멍 안으로 떨어지고, 당연히 냄새도 정화조 구멍 안으로 사라진다. 갑자기 고무장갑이 너무 얇은 것 같다는 생각이 든다. 배설물을 담았던 쓰레기봉투는 여기서 좀 더 멀리 떨어진 휴지통에 버려야 한다. 이제 통을 하나씩 깨끗이 닦아 다시 차에 싣기만 하면 된다.

배설물 처리는 모든 자원봉사자의 기억 속에 짓궂은 신입 환영회처럼 남을 것이다. 지저분하기 그지없는 이 일은 자원봉사자들에게 재미있는 무용담으로 남아 서로 유대감을 느끼게 될지도 모르겠다. 마치 힘든 일을 해낸 병사들이 그때 그것이 전쟁을 승리로 이끄는 데 중요한 역할을 했다고 농담하듯이 웃고 떠드는 것처럼 말이다.

두 시간이 지났다. 우리는 다시 조용히 동굴 입구로 간다. 마치 집 안에서 투명하게 왔다갔다하는 엘프들 같다. 우리는 낮이고 밤이고 배설물 통들을 수거해 가면서도 딥 타이머들이 규칙

적으로 수거된다는 느낌을 받지 못하도록 조심한다. 조금이라도
규칙성이 느껴지면 시간 개념이 형성될 수 있기 때문이다. 딥 타
이머들이 배설물 통을 연결 통로에 놓으면 그 통들은 잠시 사라
졌다가, 깨끗이 비워져 다시 같은 장소에 놓인다. 그림자 같은 작
업이다.

06
우리가 보내는
시간이란 무엇인가

시간 제도

＊

딥 타이머 여러 명이 생활 공간을 왔다갔다한다. 지금 해야 하는 작업의 필수 인력인 에밀리를 포함해 아직 몇 명이 오지 않았다. 나는 자리에서 일어나 두 번째 칠판에 다음과 같이 적는다. '사이클 10. 모든 딥 타이머 대상 채혈. 생활 공간에서 절대 자리를 뜨지 말 것.' 채혈은 가장 중요한 작업까지는 아니어도 꽤 까다로운 작업에 속한다. 피를 뽑는 것에서부터 혈액을 실험실로 운반하여 냉동한 후 분석되기까지의 과정이 신속하게 이루어져야 하며, 반드시 저온에서 보관되어 옮겨져야 한다. 모두 바깥의 시간을 잊은 채 자신만의 생체리듬을 따르고 있으나 생각보다 채혈 작업은 수월하다. 대략 정오나 자정이라고 느껴지는 때 채혈을 하기로 했다.

　　마치 적군의 영토에서 몰래 작전을 개시하는 기분이다. 통로 입구에 놓인 작은 냉장고에 얼음과 아이스박스가 준비되어 있다. 검은색 가방에 담겨온 무전기에서 소리가 들린다.

　　"준비 완료."

　　나는 간단히 대답한다.

　　"오늘 준비 가능, 이상."

바깥도 전쟁 같을 것이다. 채혈 작업이 끝날 때까지는 지상 팀도 잠을 제대로 못 잘 테니 말이다.

한편 동굴에서는 모든 딥 타이머를 대상으로 채혈 작업을 빠르게 완수해야 한다. 제롬이 짜증 어린 말투로 말한다.

"아까부터 잠에서 깨서 대기하고 있어. 이렇게 오래 기다릴 줄 알았다면 차라리 아까 텐트로 돌아가 눈 좀 붙일 걸 그랬어! 이제 텐트에 돌아가기는 늦었으니 모두 모이면 나 좀 깨워줄래?"

동굴에서 몇 번의 사이클을 지내며 관계가 삐걱거리는 일이 점점 많아졌다. 다 같이 일어나거나 자는 법이 없다 보니 일이 빠르게 진행되지 않는다. 그래도 다른 집단 활동과 달리 개개인의 리듬을 존중하므로 피로와 스트레스가 누적되지는 않아 다행이다.

딥 타이머는 수면 패턴에 따라 크게 두 그룹으로 나뉜다. 수면 사이클이 불규칙한 그룹이 있고 마리나, 제롬, 요안처럼 수면 사이클이 규칙적인 그룹도 있다. 알렉시와 에밀리처럼 수면 패턴이 계속 변화하는 이들도 있어 칠판에 적을 때 복잡해지기도 한다. 에밀리는 제롬과 함께 채혈 작업을 도와줄 수 있는 유일한 팀원인데 아직 꿈나라라서 작업이 쉽지 않다. 열다섯 명이 한곳에 모여야 하는 순간은 그리 많지 않지만, 채혈 작업만은 가능한 한 서로 시간을 맞춰야 성공적으로 끝낼 수 있다.

"제롬, 잘 알잖아. 지금 우리가 흩어지면 다시 모이기가 힘들어. 누구든 억지로 깨워서도 안 되고, 그러고 싶지도 않고."

"알았어, 어쩔 수 없지 뭐."

투덜대는 사람들은 있어도 정말로 화를 내는 사람은 없다. 모두 실험을 성공적으로 진행하는 것이 중요하다는 사실을 알고 있기 때문이다. 딥 타이머의 움직임과 체온, 수면 같은 데이터는 자동 센서로 수집되고, 그 외의 데이터는 팀원들이 힘을 모아 적극적으로 모은다. 채혈 작업을 도와줄 팀도 자발적으로 꾸린 것이다.

우리는 모두 시간이 표시되지 않는 크로스콜Crosscall이라는 특별한 스마트폰을 가지고 있는데, 이 기기를 이용하여 매일 아침저녁으로 여러 설문지를 작성한다. 직접 기록해야 하는 경우도 있지만 종이 사용은 가능한 한 줄이려고 하는 편이다. 동굴 안은 습해서 종이가 쉽게 눅눅해지기 때문이다. 더구나 종이로 작성한 데이터는 나중에 전부 디지털화해야 하기 때문에 시간 도둑이 따로 없다. 가장 중요한 실험은 그랑 카르푸르 통로의 과학 공간이나 생활 공간 근처의 텐트에서 이루어진다. 여기에 감각과 시간 인지 테스트, 자세 연구, 가상현실, 뇌파 기록을 위한 복잡한 기기들이 있다.

신경생물학 박사 학위를 취득한 마고는 내가 2016년부터 2017년까지 진행한 탐험을 인용하여 논문을 쓴 적이 있다. 대규모 탐험보다는 실험실 작업대가 익숙한 마고는 진정한 경험을 해보고 싶다는 열망으로 이곳에 왔다. 미국의 사막에서 이루어진 훈련에서 그는 놀라운 끈기와 의지를 보여주었다. 그래서 마고가 딥 타임에 합류하고 싶다고 했을 때 나는 주저하지 않고 그러라고 했다.

• • •

딥 타임에서 정보 기기는 가장 골치 아픈 문제였다. 시간을 보지 않고 최신 기기를 이용할 수 있을까? 컴퓨터에서부터 아주 작은 센서, 카메라에 이르기까지 모든 기계의 모니터에는 자동으로 시간이 표시된다. 특히 운영체제와 관계없이 모든 컴퓨터는 시간이 표시되지 않으면 작동되지 않는다. 내부에 시간과 연동되는 칩 세트가 있기 때문이다.

기계를 정상적으로 작동시키면서도 시간을 보지 않을 수 있는 방법을 알아내기 위해 온갖 시도를 했다. 하지만 제조사마다 절대 안 된다고 단언했다. 그렇게 할 수도 없고 그러고 싶지도 않다는 것이었다. 시스템을 바꾸는 것이 불법인 경우도 있었다. IT 업체들은 기기에는 반드시 시간이 표시되어야 한다고 단단히 일러주었다!

시간의 역사는 130억 년 이상인 데 반해 PC의 역사는 50년도 안 된다. 나는 어떻게든 방법을 찾고 싶었다. 결국 정보기술자, 수리 전문가, 군사 보안 책임자, 바이러스 백신 개발자, 해커의 도움을 받아 운영 시스템의 소프트웨어 구조 변경 금지 규정을 피해 컴퓨터와 스마트폰에 시간이 표시되지 않도록 조작할 수 있었다. 태어나 처음으로 기기 시스템을 해킹했다. 모두 프로젝트를 위한 일이었다!

그런데 동굴에서 네 번의 사이클을 보낸 후 요안이 나를 찾아왔다.

"내가 정확히 얼마나 잤는지 알 수 있었어."

그 말을 들은 나는 얼굴이 새하얗게 질렸다.

"뭐라고?"

"봐, 쉬워."

요안이 보디 캡$^{body cap}$의 캡슐 수신기 화면을 보여주었다. 우리는 체온을 정확히 재기 위해 캡슐을 삼켰다. 수신기 화면은 캡슐이 위와 장을 통과하는 과정을 보여준다. 소화기관은 생명체라면 기본적으로 가지고 있는 것으로 생명체의 기능에 대한 중요한 정보를 제공한다. 예를 들어서 잘 때가 되면 캡슐이 아래로 내려가고, 잠에서 깨기 전, 혹은 열이 나는 등 몸에 이상이 생기면 캡슐이 위로 올라간다. 캡슐이 주는 정보는 무선 신호를 통해 작은 수신기에 전송된다.

보디 캡 개발팀은 수신기의 시계를 없애는 데 성공했으나, 우리가 놓친 부분이 있었다. 수신기에서 캡슐은 매분 데이터를 기록하는데, 위대한 수학자가 아니더라도 60개의 데이터가 기록되려면 한 시간이 걸린다는 사실을 파악할 수 있을 것이었다. 요안뿐만 아니라 코라와 아르노도 금세 이 사실을 눈치챘다고 했다.

인간에게 시간은 복잡한 문제다. 우리는 시간을 그대로 인식하고 받아들이면서도 동시에 시간을 분석하고 통제하려고 한다. 하지만 우리가 시간과 맺는 관계는 생각보다 간단할지도 모른다. 우리는 살면서 시간에 따라 우선순위를 정하고, 알게 모르게 행동을 시간에 맞춘다. 그리고 욕구와 습관에 따라서 하는 모든 행동이 하나의 시간 기준이 된다. 예를 들어 집에서 사무실까지 15분이 걸린다고 해보자. 처음에는 시계를 통해 집에서 사무실까지 얼마나 걸리는지를 알게 되었을 것이다. 하지만 점차 반대의 상황이 펼쳐진다. 집에서 사무실까지 왔다갔다할 때마다 두뇌에서 15분이라는 시간 개념이 형성된다.

이러한 논리를 알고 있었기 때문에 우리는 동굴 안에 녹음된 음악을 가져오지 않았다. 자주 듣는 음악이 있으면 자연스럽게 재생 시간이 어느 정도인지 알고 있을 가능성이 높다. 이처럼 무언가를 반복해서 할 때 우리의 뇌는 나름대로 시간 개념을 만든다. 꼭 시계가 있어야 시간을 아는 것이 아니다. 시간 개념을 초월한 실험을 하려면 시간을 없애는 것만으로는 안 된다. 규칙성이 있는 것도 없애야 한다. 특히 아주 정확하게 움직이는 장비가 주변에 있으면 안 된다.

처음에는 딥 타이머들이 수신기를 지나치게 자주 사용하지 못하게 하려고 실험 규칙을 조정했다. 수신기를 일상적으로 사용하기보다는 사이클이 네 번 되면 사용하다가 다시 다음 사이클 네 번이 지나갈 때 사용하도록 하는 규칙이었다. 딥 타이머들이 정기적으로 수신기를 사용하지만 않으면 시간 개념이 머릿속에 형성될 일이 없다. 하지만 상황을 전해 들은 제레미가 새로운 기기들을 보내주었다. 이제 성가신 규칙을 따르지 않아도 된다.

사이클이 지나갈수록 나는 대부분의 시간을 혼자서 혹은 마고와 함께 실험 공간에서 보내고 있다. 여기서 실험 규칙 일부를 조정하거나 새로운 실험을 추가하기도 한다. 이를테면 기억의 기능에 대해서는 원래 연구할 생각을 못 했으나, 점차 필요하다는 생각이 들어 제대로 실험해 보기로 했다.

시행착오가 있을지언정 모든 과학 실험은 시작하는 것만으로 의미가 있다. 과학팀과 소통하며 필요에 따라 실험을 조율했다. 초반 사이클 때는 검은색 가방이 메신저 역할을 했다. 가방 속 수신기를 통해 제레미와 "단기 기억에 관한 표준 설문 조사지를 얻을 수 있는지 캉탱이나 디디에와 의논해 볼 수 있을까? 서둘러 줘", "설문지는 각기 네 번 쓰는 것으로 생각해 60부 인쇄해 주었으면 좋겠어", "컴퓨터에 버그가 걸렸는지, 이유는 모르겠지만, 문제가 있어서 그러는데 스테판에게 'Maze' 실험 규칙만 뽑을 수 있는지 알아봐 줘" 등의 이야기를 주고받았다.

딥 타임은 내가 2005년부터 진행하고 있는 인간의 적응력에 대한 대규모의 실험 중 하나다. 힘든 탐험을 여러 차례 하거나 재난 현장에 투입된 사람들이 보이는 반응과 그들이 토로하는 어려움을 관찰함으로써 환경이 변하고 위기가 발생할 때 인간의 적응력은 어떻게 발휘되는지 연구하고자 한다. 심리학자와 생리학자의 도움을 받아 극한의 환경에서 탐험하는 이들에게 현장 상황을 전달받기도 했다.

이러한 연구에는 크게 두 가지의 어려움이 있다. 첫 번째는 인간의 다양한 요소를 측정하는 데 필요한 기기의 문제다. 대부분의 기기는 심박수는 잘 알려주지만, 심박 변이도는 알려주지 않는다. 1분간 심장의 박동수를 알려주는 심박수보다, 시간에 따른 심박수의 변화를 알려주는 심박 변이도가 개인의 컨디션이나 수면 상태를 이해하는 데 더 중요한 지표가 되는데 말이다.

두 번째로는 가장 복잡한 인간 요소라는 문제다. 극단적인 환경에서 탐험을 하기 위해서는 갖가지 어려움과 피로, 불안을 극복하는 용기가 필요하다. 낮에 힘든 경험을 하면 저녁에는 침낭에 파묻혀 자고 싶어진다. 잠을 자고 싶다는 욕구는 한 시간 동안 연구하고 싶다는 욕구보다 훨씬 크다. 지극히 정상적인 반응이다. 인간은 미지의 것을 탐구하고 싶다는 욕구를 지닌 존재이기에, 모험가들 대부분은 연구에 참여해 달라는 우리의 요청에 흔쾌히 응했다. 하지만 시간이 지날수록 협조하기 힘들겠다며 포기하는 이들이 나오기 시작했다. 이들을 원망할 수는 없었다. 시간이 덜 소요되고 덜 까다로운 연구 방법을 찾아야 했다.

그래서 인간 적응력 연구소Human Adaptation Institute를 설립하여 신참 모험가를 모아 자체적으로 팀을 만들고, 효과적인 방법을 고민하기로 했다. 그리고 뇌 과학자, 행동생태학자, 유전학자, 신경생물학자, 시간생물학자, 심리학자 등 다양한 분야의 전문가들과 협업하기로 했다.

딥 타임을 통해 우리가 특별히 이해하고 싶은 개념은 다음의 세 가지다. 첫 번째는 시간 개념을 알 수 없으며 모든 것이 낯선, 평소와는 완전히 다른 새로운 환경에 적응하는 메커니즘이다. 두 번째는 인간이 인지 기능과 생체리듬을 통해 시간을 인식하는 능력이다. 세 번째는 시간 개념을 잊은 집단이 점차 비슷한 생체리듬을 보이느냐의 여부다. 우리는 이를 연구하고자 인지 능력에서 유전자, 일반 생물학에서 심장학, 감정 인식에서 자세 분석까지 인간을 둘러싼 여러 분야를 살펴보고 있다.

· · ·

채혈을 초조하게 기다리는 딥 타이머들을 보고 있자니, 역시 연구를 하는 것은 지난한 일이라는 생각이 든다. 설문지 작성에 집중하거나 뇌파 검사를 받을 때도 딥 타이머들은 힘들어한다. 이렇듯 연구는 고된 일이지만, 그만큼 성취감을 준다.

마침내 에밀리가 모습을 드러낸다. 에밀리는 일어난 지 얼마 안 되었는지 표정이 조금 멍하다. 에밀리는 나를 오랫동안 껴안는다. 에밀리는 잠에서 깨어나는 딥 타이머들을 전부 이렇게 한 명씩 안아준다. 에밀리에게 이런 포옹은 자연스러운 제스처다. 동굴 속에 고립되어 사는 딥 타이머들에게 에밀리의 포옹은 중요한 의미를 지닌다. 순간 동굴 안에서 인류애가 실천되고 있다는 생각이 들어 안심이 된다. 우리 모두가 서로에게 중요한 존재라는 사실을 다시금 깨닫는다.

에밀리가 놀란 표정으로 묻는다.

"그런데 왜 모두 여기에 있어?"

내가 "채혈"이라고 대답하자마자 에밀리의 얼굴이 환하게 빛난다. 환생을 믿지는 않지만 에밀리는 왠지 전생에 뱀파이어였을 것이라는 생각이 든다. 에밀리처럼 피 뽑는 일을 즐거워하는 사람을 보지 못했기 때문이다. 에밀리는 자연스럽고 능숙하게 채혈을 한다.

잠시 후 임시 채혈실이 만들어진다. 탁구대만 있으면 된다. 딥 타이머는 각각 튜브를 가지고 와 채혈을 받는다. 채혈을 별로 좋아하지 않는 딥 타이머들도 있지만, 마르탱과 제롬처럼 평소에 헌혈을 열심히 하는 사람도 있다. 채혈 작업은 신속하게 이루어지고, 한 시간 후 나는 마르탱과 함께 얼음과 피로 가득한 아이스박스를 연결 통로로 가져간다.

채혈을 다 한 뒤에는 지상팀과 전화를 하기로 약속되어 있다. 처음으로 직접 수화기를 들고 제레미에게 상황을 보고하자니 기분이 묘하다.

"그래, 왜?"

"혈액은 입구에 있다. 다시 말한다. 혈액은 입구에 있다."

"오케이, 알았어, 고마워. 오버."

우리 둘 다 목소리는 건조하고 말에는 미사여구가 없다. 그저 프로처럼 맡은 일을 할 뿐이다. 외부의 시간 정보도 알리지 않고, 서로의 감정도 전하지 않기 위해서다. 이미 약속된 일이다. 담담하게 실험을 진행하기 위하여, 또 상대방에게 걱정을 끼치지 않기 위해서도 이런 건조한 소통이 필요하다. 서로에 대해 많은 것을 아는 친한 친구인 우리가 이렇게 말을 극단적으로 아낀다는 게 조금 어색하게 느껴진다. 메시지를 다 전한 뒤에도 여전히 전화를 끊지 못하고 있으나, 실험 규칙을 깨지 않기 위해 노력한다. 그래서 가능한 한 담담한 목소리를 유지하며 묻는다.

"괜찮아?"

침묵이 이어지고, 제레미가 대답하다.

"응."

그리고 바로 전화를 끊는다. 나중에 동굴 밖을 나가서 알게 된 사실이지만, 이때는 새벽 2시에 기온은 2도였다고 한다. 채혈된 혈액을 보관하기에 좋은 조건이었던 것이다. 그리고 역시 나중에 알게 된 사실이지만 모두 언제든 걸려올 수 있는 전화를 받을 수 있도록 준비가 되어있었다고 한다.

이어서 뿌듯함이 밀려온다. 시간 개념이 없는 동굴에서 생활하며 이런저런 생각을 하느라 다양한 감정이 밀려와도 잘 관리하지 못하는 나와 달리, 지상팀은 침착하고 진지한 것 같다.

딥 타임 프로젝트가 성공할 것이라는 예감이 든다.

07

인류에게는
빵 이상의 것이 필요하다

여가의 탄생

생활 공간에 도착했는데 마리나와 딱 마주친다. 마리나가 장난스럽게 말을 건다. 마리나가 장난을 친다면 둘 중 하나다. 행복하거나, 아니면 반대로 약한 모습을 무의식 중에 숨기려 하거나.

"여기 있었네. 나는 잠을 잘 못 잤어. 동굴 탐사 기회를 놓쳐서는 안 된다는 생각에 흥분했나 봐! 잠에서 깨자마자 여기로 왔는데 아무도 없는 거야. 그래서 쿠션을 베개 삼아 조금 더 잤어. 그랬더니 컨디션이 완전 최고야!"

동굴 탐사는 딥 타이머들이 가장 설레며 기다리던 순간이다. 이제 우리는 열한 번째 사이클에 접어들었다. 딥 타이머 거의 모두가 밧줄 타기 기초를 배웠기 때문에 물을 길으러 갈 수 있다. 그동안 많은 노력을 해왔으니, 이제 롱브리브 동굴 탐사라는 보상을 받을 차례다. 특히 그 유명한 위층을 보러 가려고 한다. 가리구Garrigou라고 불리는 동굴의 아래층은 45미터 높이로 아래로 길게 뻗어있다. 바라보자면 아찔한 기분이 든다.

동굴 탐사를 시작하기 전에 모두 만반의 준비를 해야 했다. 준비가 소홀하면 당혹스러운 일이 생기는 법이다. 다미앵과 나는 이번 탐사를 위해 이미 동굴을 대충 둘러봤다. 이번엔 모두 함께 탐험할 수 있게 되어 기쁘지만, 아쉽게도 전체를 탐사할 수는 없어 시간이 아주 오래 걸리지는 않을 것 같다. 호수의 수위가 너무 높아 더 멀리 나갈 수는 없다. 동굴의 아래층을 본 사람은 아직 아무도 없다. 사실 위층보다는 아래층이 더 볼 것이 많은데 말이다. 아쉽지만 다음을 기약하기로 했다. 여기서 건강하게 살아가기 위해서는 물을 마련하는 능력도 중요하지만, 정신 건강을 위해서는 탐험을 할 수 있다는 희망을 품는 것이 더 중요하다.

이 동굴을 선택한 것도 이러한 이유에서다. 어떠한 동굴을 탐험할지 결정하는 것은 어떠한 집에서 살지 결정하는 것과 비슷한 일이었다. 원하는 조건을 정리한 후 언제 직접 보러 갈 것인지, 양보할 수 있는 부분과 없는 부분은 무엇인지를 정해야 했다. 성공적인 실험을 위해 절대로 타협할 수 없는 항목이 몇 개 있었다. 우선, 반드시 프랑스나 스위스에 있는 동굴이어야 했다. 코로나19로 인한 국경 봉쇄 때문에 프랑스나 스위스 이외에 있는 동굴들은 처음부터 목록에서 제외했다. 괜히 국경을 벗어난 동굴로 정했다가 코로나19로 봉쇄 조치가 내려지면 오도 가도 못하기 때문이다. 다행히 프랑스와 스위스는 카르스트 지형이어서 동굴이 많았다.

다음으로 수레를 끌고 갈 수 있는 곳에 있어야 하고 물이 넉넉해야 하며 사람들이 오랫동안 머물기에 적당해야 했다. 특히 많은 사람이 들어갈 수 있을 정도로 넓고 연구를 하기에 적합한 조용한 공간이 있으며, 무엇보다 탐사의 재미를 느낄 수 있어야 했다. 탐사의 재미는 오랫동안 머물며 적응해야 할 경우 특히 중요한 항목이다.

　이전 모험가들이 시간 개념을 초월한 실험을 하기 위해 선택한 동굴은 하나같이 비좁은 곳이었다는 사실이 놀랍다. 1962년 미셸 시프르가 선택한 이탈리아 마르게레[Marguareis]산의 스카라송[Scarasson] 동굴, 1988년 베로니크 르 귀앙이 선택한 미요[Millau] 근처의 발레 네그르[Valat Négre] 동굴이 그랬다. 모두 흥미로운 장소이긴 하지만 통로가 하나뿐이어서 이동과 탐험에 제약이 많았고, 상자를 두거나 벙커를 설치하기도 힘들었다. 지금까지 상당히 많은 동굴이 비슷한 프로젝트를 위해 선정되었지만, 구석구석을 탐험하고 싶을 정도로 아름다운 풍경을 가진 동굴은 매우 적다. 하지만 유럽 우주국이 동굴 훈련 프로그램에서 그림 같은 풍경을 지닌 매력적인 동굴을 선택한다는 점에 주목할 필요가 있다.

　발견하는 기쁨, 탐험과 모험의 욕구는 숨 쉬는 욕구와 먹는 욕구만큼이나 인간이 지닌 기본적인 욕구다. 어린 아기마저도 눈앞에 보이는 환경에 만족하지 않고 주변 환경에 관심을 보인다. 그 과정에서 아기는 배우면서 성장한다. 두뇌와 유전자에 깊이 각인된 이 같은 욕구 덕분에 우리 인간은 적응력을 키울 수 있다. 이 때문에 딥 타임을 위한 동굴은 탐험 욕구를 자극할 정도로 아름답고 경이로운 풍경을 갖춘 곳이면 좋겠다고 판단했다. 그래야 동굴 생활을 하고 싶다는 생각이 들지 않겠는가.

　　프랑스만 해도 정비를 거쳐 일반인에게 개방된 동굴이 250개가 넘는다. 그 외의 동굴은 프랑스 동굴 탐험 협회에 소속된 클럽들의 도움을 받아야 갈 수 있다. 동굴 탐험의 역사는 인류의 역사만큼이나 오래되었을지도 모르지만, 스포츠로서의 동굴 탐험은 프랑스에서 시작됐다. 동굴 탐험이 대중화된 것도 고작 20세기 초의 일이다. 근대 동굴 탐험의 아버지로 불리는 에두아르 알프레드 마르텔Édouard-Alfred Martel이 동굴 탐험의 장을 열었고, 노르베르트 카스테레Norbert Casteret는 '좁은 길로 들어가지만 원대함을 향해 나아가자'라는 슬로건을 내세우며 동굴 탐험을 예술의 반열에 올려놓았다.

　　동굴 탐험의 역사는 멋지게 빛나지만, 문제는 동굴을 소개해 주는 부동산이 존재하지 않는다는 것이다. 그래서 딥 타이머들이 40일 동안 머무를 수 있는 동굴을 찾기란 보통 어려운 일이 아니었다. 동굴에서 평생 살고 싶어 하는 사람이 없기에 망정이지, 동굴에서 사는 것이 대중화되었다면 부동산 사기가 적지 않았을 것이다! 동굴 전담 부동산이 없으니 동굴 탐험 선배들에게 연락을 했고, 프랑스에 위치한 여러 동굴 후보지들의 주소를 받을 수 있었다.

　　후보지로 추천받은 동굴들을 직접 찾아가 눈에 띄는 단점이 많은 동굴부터 빠르게 제외했다. 방사능이 너무 많이 나오는 동굴, 물이 부족하고 쉽게 지나다닐 수 있는 길이 없는 동굴, 통로가 비좁은 동굴 등 극복하기 힘든 문제가 있는 동굴은 후보군에서 하나씩 뺐다. 이렇게 동굴들을 계속 제외하다 보니 11월 말에는 남는 동굴이 하나도 없었다.

그러던 중 롱브리브 동굴을 만났다. 롱브리브 동굴을 답사하던 날을 평생 기억할 것이다. 카렌 통로를 지나갔을 때 머리 위로 완벽한 풍경이 펼쳐졌다. 마치 두 개의 산맥이 연결된 듯한 풍경이었다. 동굴 위로 올라가고 싶다는 생각이 들 정도로 흥분되었다. 카테드랄 통로, 에투와 통로, 심티에르 통로, 아직 정비가 이루어지지 않은 구르, 리옹, 비에르주^Vierge, 그랑 카오 통로를 발견할 때마다 꿈을 꾸는 기분이었다. 한 발 한 발 걸음을 옮길 때마다 동굴 탐사 계획을 어떻게 짤지 생각하기도 했다. 롱브리브는 딥 타임 실험을 위해 준비된 완벽한 동굴이었다. 단점은 하나도 눈에 띄지 않았다. 내가 원하던 조건인 접근성, 시설, 물, 멋진 풍경을 전부 갖춘 동굴을 처음으로 발견했다. 동굴에서 나오기도 전에 나는 멜뤼진과 제레미에게 통보했다.

"바로 여기야! 딥 타임 프로젝트는 롱브리브 동굴에서 할 거야. 여기야말로 우리가 찾던 동굴이라고."

롱브리브는 아름다울 뿐만 아니라 멋진 역사와 전설도 많이 간직하고 있다. 카타리파 신도들이 비밀 의식 때문에 롱브리브 동굴에 보물을 숨겨놓았다는 이야기가 전해져 여전히 숨겨진 보물을 찾으러 오는 사람들이 있다고 한다.

"1578년에 앙리 4세 국왕이 이 동굴에 왔어요. 여기 왕의 서명이 있습니다."

크림 통로가 나오기 직전, 롱브리브 동굴의 관리자인 카트린 블라스코Catherine Blasco가 동굴 벽을 장식한 수천 개의 서명 중 하나를 가리키며 우리에게 동굴과 관련된 이야기를 들려주었다. 카테드랄 통로에 들어오자 카트린은 씁쓸한 표정을 짓더니 말을 이었다.

"여기는 위조 지폐범들이 숨어있던 곳입니다. 결국 위조 지폐범들은 발각되었으나 이들을 동굴에서 끌어내기가 보통 어려운 일이 아니었어요. 카테드랄로 이어지는 통로는 좁아서 한 번에 한 사람만 들어올 수 있어요. 그래서 경찰들이 들어오려고 하면 위조범들이 경찰을 한 명씩 죽이기가 쉬웠죠. 전해오는 이야기에 따르면 위조범들이 이런 식으로 수십 명의 경찰을 죽였다고 합니다. 그래서 당시에 여기의 이름이 '파 뒤 크림Pas du Crime'으로 정해졌다고 합니다. '범죄는 안 된다'는 뜻으로요. 도지사는 동굴 입구에서 진을 치고 기다리면 안에 있는 범인들이 나오지 못해 굶어 죽을 것이라고 생각했습니다. 그러나 죽은 사람은 한두 명에 그쳤어요."

그리고 롱브리브 동굴에 얽힌 전설 몇 가지도 들려주었다. 롱브리브 동굴에 관한 책을 공동으로 쓴 두 역사학자 엘리자베스 보댕Élisabeth Bodin과 르네 보댕René Bodin에 따르면 롱브리브 동굴은 가장 많은 신화가 깃든 곳이다. 마무트의 석순을 지나 계단을 올라가자 카트린이 여기 동굴에서 가장 아름다운 보물에 속한다며 한 곳을 가리켰다. 참고로 마무트의 석순은 딥 타임을 시작한 후 매일 보지만, 볼 때마다 감탄한다.

"피레네의 무덤이에요. 원래 롱브리브 동굴에는 베크리데스 부족이 살았는데, 피레네는 부족장의 딸이었습니다. 롱브리브를 찾은 헤라클레스는 피레네의 매력에 빠졌고, 둘은 몇 주 동안 몰래 만남을 이어갔어요. 그러던 어느 날 헤라클레스는 부름을 받아 떠나야 했습니다. 헤라클레스는 피레네가 자신의 아이를 가진 것을 몰랐어요. 피레네는 자신이 임신을 했다는 것을 아버지가 아는 날에는 큰일날까 두려워 집을 떠나 헤라클레스가 있는 곳으로 가가겠다고 마음을 먹었습니다. 그러나 길을 가던 피레네는 그만 곰에게 습격을 당했습니다. 피레네가 죽어가면서 지른 비명이 어찌나 처절했는지 수천 킬로미터 떨어진 곳에 있던 헤라클레스의 귀에까지 들렸습니다. 헤라클레스는 즉시 롱브리브로 돌아왔으나 이미 때는 너무 늦었고, 피레네는 세상을 떠난 뒤였어요. 슬픔에 잠긴 헤라클레스는 롱브리브 동굴에서 가장 아름다운 방에 흰색 석회암으로 무덤을 만들어 피레네를 기렸습니다. 그리고 피레네의 영혼이 지나갈 주변의 산을 가리켜 '피레네'라 부르겠다고 선언했습니다."

우리의 생활 공간은 피레네의 무덤에서 몇 미터 떨어진 곳에 있다. 우리는 여기서 오늘 탐사에 필요한 장비를 확인했다. 탐사팀은 나와 마리나, 제롬, 다미앵, 코라 총 다섯 명으로 정했다. 그래야 한 명이 부상당하면 두 사람이 구조를 요청하러 가는 동안 나머지 두 사람이 부상자 곁을 지킬 수 있어서다.

초보 탐험가인 코라는 정보 보안 분석가로, 여러 기관으로부터 일을 의뢰받아 시스템의 보안 상태가 충분한지 알아보고 어느 부분이 취약한지 찾아낸다. 그는 조용한 성격으로, 무슨 일이 있어도 목소리를 높이지 않으며 남의 말을 경청하고 조심스럽게 행동한다. 또한 의지력과 학습력이 뛰어나고 매우 정직하다. 문제가 있으면 즉시 나를 찾아오지만 기쁜 일이 생길 때는 자랑하러 오는 일이 거의 없다. 코라는 조심스럽게 계획한 대로 행동한다.

코라가 마리나와 제롬과는 성격이 정반대인 것이 흥미롭다. 마리나와 제롬은 쉽게 흥분하고 가끔은 수다스러우며, 궁금한 것이 생기면 언제든 찾아온다. 반대로 코라와 다미앵은 조용하고 섬세한 성격으로 몸짓 하나에도 신경을 쓴다. 가끔은 생각이 너무 많아 지나치게 자제하는 것 같기도 하지만, 그래도 이렇게 서로 다른 성격들이 잘 어우러지면 시너지가 발휘되어 모험에 유리하다.

롱브리브 동굴을 탐사하는 것이 우리가 처음은 아니지만, 가이드 없이 낯선 곳까지 들어가는 것은 우리가 처음이다. 대담하면서도 신중해야 하고, 또 끈기가 필요한 일이다. 동굴 위층에서 조금만 부상을 입어도 아래층으로 옮기기가 힘들다. 누군가 다치면 딥 타임도 끝이라는 사실을 출발 전에도 강조했다. 우리는 헤드 랜턴과 배터리, 갈아입을 옷, 먹을 것과 구급약을 충분히 준비한다. 마치 다른 세상으로 여행을 떠나는 사람들 같다. 물론 동굴 안도 다른 세상이기는 하다. 40일 동안 롱브리브 동굴은 우리들의 세상이다.

· · ·

장비들이 서로 부딪쳐 달그락거리는 소리를 내고, 동굴 벽까지 퍼져 윙윙 울린다. 우리는 아이들처럼 신나서 칠판에 '2층 탐험'이라고 적어두었다. 지금은 마치 우주선으로 향하는 우주 비행사들처럼 앞으로 걸어가다가, 동굴에서 가장 놀라운 공간이라 할 수 있는 그랑 카오 통로에 들어온다. 엄청난 미로 같은 이곳은 여러 바위와 터널로 복잡하게 얽혀있으며 아늑함과 광활함이 공존한다. 동굴 벽은 점토로 덮여있고 미니 콜리플라워 모양으로 되어 소리가 끝없이 확성기처럼 울리는 다른 통로와는 달리 방음 효과가 있다. 다양한 색을 띠는 동굴 벽에는 아철산염이 풍부한 물줄기가 흘러내린다. 동굴 벽은 피오르(빙하가 침식되어 만들어진 U자곡에 바닷물이 들어와 형성된 좁고 긴 만: 옮긴이)처럼 석순이 서로 연결되어 있다. 석순마다 모양에서 따온 이름을 가지고 있다. 성모 마리아를 닮은 석순, 촛대를 닮은 석순이 대표적이다.

딥 타이머들은 이미 시간을 내어 구석구석 다른 세계들을 살펴보았다. 그러한 과정에서 딥 타이머들은 어린 시절에 느꼈던 행복을 다시 체험했을 것이다. 또한 동굴에서 생활하다 보면 인생의 다양한 시절을 한 자리에서 즐기는 듯한 기분이 들 수 있다. 동굴을 탐험할 때면 진흙을 가지고 놀던 어린아이 시절로 돌아간 것 같고, 집중해서 실험 설문지를 읽을 때는 다시 어른이 된 것 같다가 사이클을 마무리할 때쯤에는 아침에 무엇을 했는지 기억이 잘 나지 않아 노인이 된 기분이다. 시간을 잊고 살면 현재에 더 집중하게 되는 게 아닐까? 현재가 계속되면 과거와 미래는 하나가 되고 어린 시절과 노년 시절이 서로 얽히게 된다.

　가리구 수직 통로 쪽으로 재빨리 걸어가며 이런저런 생각을 한다. 가리구는 이번 탐험의 진정한 출발점으로, 가리구를 기점으로 미지의 영역이 펼쳐져 있다. 마지막 가파른 통로 하나만 더 지나면 가리구에 도착하게 된다. 가파른 통로 쪽에 감옥처럼 생긴 곤돌라 같은 것이 매달려 있다. 허공에 매달린 작은 감옥에 갇혀 거의 굶어 죽을 지경이 되어 잔혹한 영주의 선처를 바라는 죄수를 상상한다. 위를 보니 카바이드 등을 거는 고정 기구와 커다란 도르래로 곤돌라를 내릴 수 있게 해주는 고리가 보인다. 이 장치를 고안한 에두아르 마르텔은 자신이 이 안에 있을 때 팀원들이 절대 놓치지 않으리라 확신할 정도로 팀원들을 믿었다. 에두아르 마르텔은 이처럼 동굴에 자신의 흔적을 남겼다.

　우리는 마지막으로 한 번 더 장비를 점검한다. 이제 동굴이 들려주는 또 다른 과거의 이야기가 펼쳐진다. 30미터 정도 아래에 녹이 슨 오래된 에펠Eiffel 다리가 있다. 이 다리가 놓였던 당시에는 관광객들이 그랑 카오를 돌아서 이 다리를 통해 수직 출구 위로 나왔다고 한다. 그랑 카오 통로를 지날 때마다 에펠 다리가

지어졌던 당시의 시대를 상상해 보려고 한다. 벌써 100년 전의
일이다. 그 당시에는 상상도 하지 못할 규모의 조명도 있었다고
한다. 예전에 롱브리브는 호기심에 사로잡힌 관광객들로 붐볐지
만, 지금은 찾는 사람이 거의 없다.

밧줄에 고정 장치를 건다. 그 상태에서 밧줄을 타고 밧줄이
바위와 마찰을 일으키지 않도록 조심하며 2미터를 스르르 내려
온다. 몇 미터만 더 내려가자 내 발은 받침대 역할을 하던 벽에
서 완전히 멀어지고 허공에 대롱대롱 매달린다. 비록 밧줄에 몸
을 의지하고 있지만 허공에 떠있을 때의 기분은 너무 좋다. 너무
나 소중한 순간이다. 허공에 매달려 있으니 집에 있는 것처럼 편
하다. 칠흑 같은 어둠 속으로 천천히 들어간다. 어둠을 비추는 것
은 헤드 랜턴의 빛뿐이다. 밧줄의 길이는 45미터에 불과하지만
마치 한없이 내려가는 것처럼 가슴이 벅차오른다. 만일 끝없이
내려간다면? 괜한 희망을 품으며 설렌다. 하지만 결국 바닥에 발
이 닿는다. 그래도 너무 기쁘다. 밧줄을 타고 몇 번이고 다시 내
려올 수 있을 것 같다.

롱브리브 동굴은 이미 답사까지 해본 곳이지만 이렇게 탐사
를 할 때마다 흥분이 되면서 온몸이 짜릿하다. 필요한 것을 설치
하고 실험도 하며 바쁘게 지내다 보니 그동안 정작 동굴 탐험의
욕구를 거의 잊고 지냈다. 우리에게 가장 큰 흥분을 안겨주는 일
인데 말이다. *우리가 지금 살고 있는 곳은 동굴이다!* 거대한 지각
변동과 세찬 물줄기가 수천 년에 걸쳐 조금씩 만들어 놓은 동굴

이 우리의 세상이다. 동굴 안에서 자고 먹고 일하고 웃으며 지낸
다니, 생각만 해도 황홀하다,

딥 타이머들은 각기 다른 이유로 이번 프로젝트에 참여했으
나 공통적으로 원하는 것이 하나 있다. 바로 여기 동굴을 구석구
석 탐험하고 싶다는 것이다. 동굴 탐사를 생각하면 설레기도 하
고 두렵기도 하고 각종 상상을 하게 된다. 그동안 우리가 살면서,
배우면서, 책을 읽으면서, 창의력을 발휘하면서 쌓아왔던 바람
과 두려움, 상상이 전부 동굴 탐사에 투영된다.

나에게 이번 모험은 희망과 동의어다. 인간은 열정 못지않
게 희망을 생각할 때도 가슴이 뛴다. 우리 인간은 무엇인가를 세
우고 싶어 하고 미래를 탐험하고 싶어 한다. 인간은 같은 꿈을
꾼다. 꿈의 내용은 바로 미래에 원하는 것을 하고 싶다는 것이다.
다미앵은 물건과 인간을 포함해 우리를 둘러싼 모든 것과의 관
계를 탐구하고 싶어 한다. 마리나는 자신만의 탐험을 이어가기
위해 능력을 기르고 싶어 한다.

동굴에서 사람들의 시선과 시간의 속박에서 벗어나 모험을
하는 일상은 우리가 누리는 엄청난 특권과도 같다. 시간이라는
굴레는 여기 동굴에 그 어떠한 영향도 미치지 못하는 것 같다.
유한한 존재인 인간에게 시간은 너무나도 잔인한 관념이다. 우
리는 여기서 단 몇 시간이라도 희망을 느낄 것이다.

오늘 탐사를 마치면 편하게 누워 꿈에 젖는 일만 남았다. 우
리는 30미터를 여러 번에 걸쳐 내려와 첫 번째 호수에 도착한다.

호수의 수위가 꽤 낮아서 보트를 타고 갈 수 있다. 우리는 신나게 보트의 타이어를 입으로 분다. 세 개의 작은 호수가 좁은 길과 벽을 기점으로 나뉘어 있다.

호수 세 곳을 보트를 타고 지나간다. 마침내 인간의 흔적이 남은 세상에서 벗어났다. 동굴 벽과 종유석, 석순 위에는 더 이상 사람들이 추억의 표시로 남긴 글귀가 보이지 않는다. 대신 각종 모양의 석순이 연속으로 서있는 풍경만이 보인다. 커브를 돌 때마다 새로운 신비와 마주한다. 숨겨져 있던 것을 마침내 발견하는 것 같다. 우리는 조용히 노를 젓는다. 평소에 노래하고 농담을 하며 웃는 것을 즐기는 제롬과 마리나마저도 눈앞에 보이는 아름다운 풍경에 압도된 듯 조용하다.

호수가 끝나는 지점에 도착하자 살짝 바랜 황갈빛 호박색과 붉은색의 천장이 공룡 화석처럼 보인다. 우리는 새로운 행성을 밟은 우주 비행사들처럼 북쪽으로 이어지는 동굴의 통로를 걷는다. 여기는 처음 와 본다. 남쪽으로 이어지는 툴루쟁^{Toulousains} 통로는 다음에 탐험해 보려고 한다. 얼핏 동굴 벽에 매달린 종유석들이 마치 숲처럼 보인다. 건너기 힘든 물길이 있어 탐사하기가 꽤 까다로울 것이다. 예상치 못한 길을 만나면 도전 의식을 느끼는 제롬조차도 선뜻 가지 못할 것이다.

이번에 우리가 들어온 곳은 '지하철'을 뜻하는 메트로^{Métro} 통로다. 장소가 이름과 참 잘 어울린다. 이어서 500미터를 더 가니 '소나무'라는 의미의 사팽^{Sapin} 통로가 나온다. 어찌나 넓은지 여기가 땅속이라는 사실을 잊을 정도다. 동굴을 감싸는 칠흑 같은 어둠도 여기서는 해당되지 않는다. 바닥에서 위로 솟은 석순은 높이가 20미터를 넘어 커다란 소나무처럼 보인다. 소나무 같은 석순이 우리의 헤드 랜턴에서 나오는 빛을 받아 모습을 환히 드러낸다. 어둠의 세상이 악의 없이 우리에게 두 팔을 벌리는 것 같다.

우리는 낯선 행성과 같은 이곳을 오랫동안 탐험한다. 기괴한 암석과 신비한 무늬가 가득한 곳이다. 한 걸음 걸을 때마다 롱브리브 동굴을 선택하기 잘했다는 생각이 든다. 동굴 여기저기를 볼 때마다 감탄스럽다.

적응력 메커니즘을 연구할 때 중요한 키워드 하나가 바로 '경외심'이다. 경외심을 느끼면 현재의 상황을 즐기게 되며 본격적으로 미래를 만들어가고 싶다는 결심이 생긴다. 롱브리브 동굴에는 황홀함을 안겨주는 공간이 한두 곳이 아니다. 다른 딥 타이머들도 조금씩 발견하게 될 것이다.

동굴을 구석구석 살펴보려면 시간이 어느 정도 걸릴까? 꽤 오래 걸릴 것 같기는 한데, 지금은 자세히 모르겠다. 생활 공간으로 돌아오고 나서 칠판의 '탐험' 부분에 우리의 이름을 지운다. 탐험을 마치고 돌아왔다는 뜻이다. 여전히 흥분이 채 가시지 않은 우리는 원 모양으로 모여 기쁨의 소리를 내지른다. 함성이 수면 공간까지 울려 퍼진다. 소리가 너무 크게 나서 잠시 놀랐지만, 얼굴에는 미소가 사라지지 않는다.

오늘 우리는 아주 특별한 탐험을 했다. 그 추억은 서로의 가슴에 영원히 남을 것이다. 그 누구도 우리에게서 이 추억을 빼앗아가지 못할 것이다.

08
시간은
하나가 아니다

멜뤼진 이야기

안녕하세요, 멜뤼진.

정보 알려주셔서 감사드립니다. 덕분에 안심이 되고 위로가
됩니다.

우리는 시간을 기준으로 살고 있어서 그런지 가끔은 딥 타이
머들의 소식을 기다리는 시간이 더 길어지는 것은 아닐까, 라
는 생각에 초조할 때가 있습니다.

각종 통신이 발달한 요즘 같은 시대에 아무런 소식도 들을 수
없다는 것이 매우 낯설게 느껴집니다. 조금 지쳐가는 것도 있
고요. 제가 조금 유난스러운 것인지도 모르겠습니다. 하지만
감옥에 있는 사람도 가족과는 연락이 됩니다. 기다리는 사람
들에게는 소식도 일종의 경험이라고 생각합니다.

아, 걱정 안 하셔도 됩니다. 무슨 일이 있는 것은 아니에요. 다
만 이번 딥 타임 프로젝트에 대해 이런저런 생각이 들어서 당
신과 나누고 싶을 뿐입니다. 3월 24일 첫 메일에서 이런저런
조언을 해주셔서 다시 한번 감사드립니다. 저도 완전히 같은
생각입니다! 상대방을 있는 그대로 받아들이는 것이야말로
애정의 표현이라고 하셨죠. 상대방이 특별한 프로젝트에 참가

했을 때도 그 상황을 그대로 받아들이라는 뜻이겠죠.

제가 생각하는 애정이란 상대를 내가 바라는 모습으로 상상해 사랑하는 것이 아니라 상대방을 있는 모습 그대로 사랑하는 것입니다.

딥 타이머 한 명의 여자친구에게서 받은 편지다. 사랑하는 사람이 돌아올 때까지 마냥 기다리는 사람의 심정이 어떤지 이 한 통의 편지에 잘 나타나 있다. 사랑하는 사람으로부터 어떠한 소식도 듣지 못하는 기분은 과연 어떨까? 아마 복잡한 감정이 들 것이다. 사랑하는 사람이 행복하게 소중한 자유를 누리도록 놔두고 싶은 마음과 사랑하는 사람에게 무슨 일이 일어나는지 모른 채 계속 기다려야 한다는 공허함이 묘하게 뒤섞일 것이다. 더구나 극한 프로젝트에 참가하다 보니 무사히 돌아올 것이라는 확신이 들지 않아 불안할 수도 있다. 어느 인터뷰에서 내가 이런 말을 한 적이 있다.

"최악의 상황에 대비할 수 있어야 합니다. 딥 타이머들이 돌아오지 못할 수도 있다는 가능성 말입니다. 하지만 어떤 준비를 할 수 있을까요? 잘 모르겠습니다."

다행히 딥 타임은 그렇게 위험한 모험은 아니다. 따라서 딥 타임에 참가한 사람들이 돌아오지 않을 가능성은 지극히 낮다. 가까운 사람과 떨어져 본 적이 없는 사람들에게 딥 타임은 완전히 새로운 경험이 될 수 있다. 그럴 때마다 따라오는 복잡한 감

정은 관리하기 힘들다. 크리스티앙과 내가 이미 서로 경험해 본
일이다.

그래서 우리는 동굴에 들어가기 전에 딥 타이머들의 가족과
정기적으로 연락하면 좋지 않겠냐는 이야기를 나누었다. 딥 타
이머의 가족들은 필요할 때 언제든 나와 제레미에게 전화를 한
다. 그들은 우리에게 전화를 걸어 이런저런 이야기를 하거나 기
술적인 조언을 건네고, 갑자기 떠오른 생각을 말하기도 한다. 하
지만 모두 사실은 딥 타이머들의 소식을 듣고 싶어 연락한 것이
다. 우리가 항상 하는 대답은 '특별한 일이 없다'는 것이다. 이틀
째에는 요안의 형이 제레미에게 전화를 했다.

"딥 타이머들의 동굴 생활은 어떻습니까?"

"괜찮을 겁니다. 아직 동굴에서 나온 사람은 없으니까요. 그
외 저도 더 이상 아는 것은 없습니다."

"어떻게 그럴 수 있죠? 딥 타이머들과 연락을 안 하시나요?
뭔가 소식을 전해주지 않나요?"

"전혀요. 딥 타이머들과는 소식을 주고받지 않기로 약속이
되어 있습니다. 사고가 생기지 않는다면 앞으로도 소식이 따로
전달되거나 하는 일은 없을 것입니다."

잠시 침묵이 흘렀다. 이어서 요안의 형이 망설이더니 말을
이었다.

"요안의 딸에게는 뭐라고 하죠? 당분간 아빠의 소식을 듣지
못할 것이라는 설명을 어떻게 해야 할까요?"

주변 사람들은 문득 프로젝트가 현실이 되었다는 것을 깨닫곤 한다. 아무리 오랫동안 프로젝트에 대해 말하고 계획해 왔다고 해도 그렇다. 딥 타이머의 가족들은 현실과 마주해야 한다. 물론 이를 위해서는 시간이 조금 필요하다. 모험가에게 스스로 하고자 하는 특별한 프로젝트가 자신에게 얼마나 중요한 일인지 납득시키는 것은 중요한 일이다. 추상적인 생각이 구체적인 말이 되려면 현실과 마주할 필요가 있다. 그러다 상황을 있는 그대로 받아들여야 한다는 사실을 깨닫는 순간이 온다.

나는 동굴 안에서도 있어 봤고 지금은 지상팀과 함께 근무하며 딥 타이머의 가족들로부터 연락을 받고 있다. 그러다 보니 적어도 딥 타임에는 다섯 가지의 시간이 작동한다는 사실을 알게 되었다.

첫 번째로는 딥 타이머의 시간이다. 시계 없이 자신만의 시공간을 살고 있는 딥 타이머는 기존의 시간 개념에서 벗어나 있다. 딥 타이머의 혈액을 수거해 오며 딥 타이머의 시간과 실제 우리가 인식하는 시간은 무려 이틀이나 차이가 난다는 사실을 알게 되었다. 현재 딥 타이머가 인식하는 시간은 정확히 어떻게 될까? 우리는 혈액을 3월 26일에 수거했다. 나중에 알게 된 일이지만 3월 26일은 딥 타이머에게 열 번째 사이클이라고 인식된 날이었다.

두 번째 시간은 지상팀의 시간이다. 지상팀은 시계와 함께 살지만 시간을 초현실적으로 느낄 때가 많다. 우리는 해야 할 일이 엄청나게 많아서 시간에 맞춰 규칙적으로 생활하기가 힘들다. 지상팀은 지상에서 보내는 24시간과 동굴 안에서 딥 타이머가 나름대로 인식하는 하루 사이에서 살아간다.

세 번째 시간은 동굴에 들어간 딥 타이머의 소식을 애타게 기다리는 가족들이 느끼는 시간이다. 가족들은 한 시간 한 시간을 무겁게 느낀다.

네 번째 시간은 일반적인 사람들의 시간이다. 사람들은 끝없이 바쁜 일상을 살아간다. 급하게 울리는 전화, 정신없이 알림을 울리는 SNS, 여기저기서 사고가 났거나 무엇이 변화했다는 소식이 일상을 잠식한다. 세상이 지나치게 빠르게 변하다 보니 오히려 그날이 그날처럼 똑같이 느껴질 때도 많다.

다섯 번째 시간은 불변의 진리 속에 각인된, 우리 주변의 자연에 깃든 시간이다. 동굴 입구에 있다 보면 계절의 변화가 느껴진다. 새들이 동굴 벽에 앉아있고 푸른색 잎사귀들이 피어있다. 봄이 잠에서 깨어났다. 매일 햇빛이 동굴 입구를 오랫동안 따뜻하게 비추고 동굴 안으로 뻗어가다가 이내 사라진다. 우리는 계절의 변화에 맞춰 살아간다. 그러나 이 또한 지구 온난화의 영향으로 달라지고 있는 것 같다. 시간의 흐름을 알려주던 계절이 일정한 흐름을 점차 잃어가고 있는 셈이다.

계절의 변화가 이렇게 의미심장하게 다가온 적이 없다. 우리가 각자 무엇에 기준을 두고 무엇을 기대하느냐에 따라 같은 시간도 다르게 느껴질 수 있다. 딥 타임은 사실 보편적인 일상에 대

한 실험이다. 사람들은 평소에도 각자가 인식하는 시간 속에서
나름대로의 삶을 살아가기 때문이다. 이 생각을 하니 머리가 빙
빙 돈다.

09
불안과 무기력이
생기는 이유

기억의 메커니즘

마치 다른 세상에서 온 거대한 지렁이 두 마리가 우리의 공간을 침범한 것 같다. 이 지렁이들은 시선이 느껴지면 더 이상 움직이지 않는다. 프랑수아와 니콜은 몸을 따뜻하게 하기 위해 파란색 침낭을 꼭 껴안은 채 탁자 앞에 앉아 책을 읽고 있다. 두 사람은 얼마 전부터 규칙적으로 잠깐씩 낮잠을 잔다. 다른 몇몇 딥 타이머들은 책을 읽거나 글을 쓰거나 체스를 둔다.

우리가 사는 동굴의 기후 조건은 그리 극단적이지 않을지도 모른다. 습도 100퍼센트와 기온 10도는 따뜻한 곳에서 평범하게 살아온 사람들이 못 견딜 정도까지는 아니다. 그러니까 어떻게 보면 동굴의 환경은 실제로는 모두가 견딜 수 있는 정도일 수도 있다! 그렇지만 하늘 아래에 있는 곳 중에서 습도가 계속 100퍼센트인 곳은 없다. 아마존이나 파타고니아도 낮 동안에는 계속 습할 수 있지만 낮과 밤 사이, 그리고 계절마다 습도가 달라진다. 그런데 동굴은 습도가 100퍼센트로 계속 유지된다. 이것이 얼마나 위험한지는 우리의 기구와 장비만 봐도 알 수 있다.

우리가 사용하는 화장실의 벽은 나무판자로 되어있는데, 매일 곰팡이가 조금씩 늘어난다. 마치 두꺼운 이끼가 낀 것 같다.

곰팡이가 몇 센티미터씩 잠식해 온다. 처음에는 나무판자를 따라 하얀색 줄이 길게 늘어졌다. 딥 타이머 한 명이 여기에 이런 쪽지를 써놓았다. '흰색 발자국 출현'. 우리의 영역을 침범한 곰팡이를 보면서 조지 R.R. 마틴의 소설《얼음과 불의 노래》에 나오는 피조물을 떠올린 것이다. 곰팡이는 점점 두꺼워지며 푸른색을 띤다. 얼마 지나지 않아 곰팡이가 핀 나무판자는 마치 입체적인 인상파 그림처럼 보인다.

곰팡이는 구석구석 침범해 와 우리들의 장비까지 노린다. 텐트도 곰팡이의 습격을 받기 시작했다. 전자 장비는 극한 환경에서도 쉽게 망가지지 않을 정도로 튼튼하게 만들어지긴 했으나 습도에 계속 노출되면 고장날 수 있다. 고프로 카메라가 아무리 물속에서 사용할 수 있는 것이라 해도 높은 습도가 계속되는 환경에서는 견디지 못할 것이다. 오늘 아침 다미엥이 말했다.

"내 운동화가 썩어가고 있어. 어떻게 해야 할지 모르겠네."

우리의 몸은 괜찮은 걸까? 다들 겉으로는 크게 걱정하지 않는 것 같지만 내심 불안해할지도 모른다. 일상에서는 여기 동굴처럼 높은 습도가 계속되는 환경을 경험할 일이 거의 없기 때문에 당혹스럽긴 하다. 파타고니아에서 이미 춥고 습한 기후를 경험해 본 적이 있는 나도 지금 상황에 놀랄 정도니 말이다. 니콜에 이어 티펜이 와서 묻는다.

"이렇게 계속 습도가 높으면 우리 건강에도 문제가 생기는 거 아냐? 화장실의 나무판자처럼 폐에도 곰팡이가 필 수 있는 거

아닐까? 아니면 소화기관에 문제가 생기면 어쩌지?"

　이런 질문이 나오는 것도 딥 타이머들이 불안해하고 있다는 뜻이다. 불안이 전염병처럼 퍼지기 시작하면서 우리의 행동에도 영향을 미치기 시작한다.

　티펜은 물리치료사다. 특히 다른 사람들의 말과 주변 환경에 관심을 기울이는 데 익숙한 티펜은 사람들과 아이들을 돌보는 일에 능숙하다. 그는 매우 섬세한 성격으로 모두가 행복해지기를 바라며, 화기애애한 분위기를 만들기 위해 때로 무리하기도 한다. 자신의 몸과 마음이 내는 소리에 귀 기울이는 그는 이번 프로젝트에 참여하겠다는 결정을 내리기까지 많은 생각을 했다. 그가 처음에 선뜻 참여하겠다고 결정하지 못한 이유는 완전히 컴컴한 동굴에서 생활하는 것이 내심 마음에 걸려서였다. 폐쇄적이고 어두운 동굴 속 세계에서 잘 지낼 수 있을지 걱정스러웠던 것이다. 하지만 티펜은 이제 동굴 생활을 하면서 자신을 새롭게 발견할 수 있어 즐거워하며, 이번 프로젝트에 참여하기로 결정한 것을 후회하지 않는다고 했다. 티펜이 불안감을 떨쳐내고 마침내 딥 타임 모험에 참여하기로 결정할 수 있었던 것은 쥘 베른의 소설 《지구 속 여행》을 읽어서라고 생각한다. 동굴에 들어와서도 티펜은 주변 환경이 우리에게 미치는 영향을 제대로 이해하려고 노력 중이다. 역시 티펜답다.

　우리의 몸이 곰팡이와 사투를 벌인다고 해도 40일 만에 폐가 나빠질 가능성은 거의 없다. 우리의 폐와 심장은 주변 환경에 나름대로 적응하기 위해 노력하고 있을 것이다. 우리가 피곤함을 느끼는 이유이기도 하다. 곰팡이가 계속 퍼져가면서 모두에게 허용된 마지막 사치품은 모자와 털옷뿐이다. 여분의 침낭은 이제 생활 공간의 장식품에 지나지 않게 되었다. 곰팡이는 물론 추위와도 싸워야 하니 모두 갑자기 피곤함을 느낀다. 프랑수아도 피곤해 보이긴 마찬가진데, 그는 매번 장난스럽게 부정한다.

"아니, 안 자. 집중하는 거야. 책 읽는 중이거든."

그러나 여기에 속을 사람은 아무도 없다. 딥 타이머 모두 갑자기 눈꺼풀이 감기는 것을 막지 못하고 있다. 간혹 명상을 하러 멜뤼진 공간에 가거나 자신의 텐트로 돌아가 낮잠을 좀 자고 오는 딥 타이머들도 있다. 시계는 없지만 우리 모두 대략 몇 시간 정도가 흘렀을지를 상상한다.

다미앵의 손가락도 걱정이다. 퉁퉁 부은 손가락이 붉은색을 띠는데, 전형적인 가벼운 동상의 증상이다. 영하의 날씨에 발생하는 심각한 동상과는 조금 다르다. 선선한 기온이라고 해도 높은 습도가 계속되거나 바람이 불면 미세혈관이 수축되어 혈액순환이 원활하지 않게 되면서 피부가 부을 수 있다. 가벼운 동상은 크게 위험하지는 않다. 몸이 피곤하거나 추위에 민감하다는 신호일 뿐이다. 다행히 미지근한 물에 몇 번 손을 담그니 증상이 조금씩 나아지는 것 같다.

다미앵의 손가락보다 더 큰 걱정은 딥 타이머들 사이에 느껴지는 무기력이다. 무기력은 어딘가에 숨어있다가 이제야 스펀지 같은 두 손으로 우리 팀을 서서히 잡아끌고 있다. 사이클이 몇 번 지날 때부터 모든 것이 느리게 움직이기 시작했다. 마치 너무 무거운 공기 속에 살면서 움직임이 둔해지고 의지도 약해진 것 같다. 이런 느슨한 분위기를 깨기 위해 마리 카롤린의 작은 작업실을 만들기로 했다.

회계 감사로 일한 적이 있으며 딥 타이머 중에서 가장 연장자인 마리 카롤린은 10여 년 전에 자신이 진정으로 열정을 느끼는 일을 선택하기로 했다. 그 결과 마리 카롤린은 프리랜서 보석 감정사이자 보석 디자이너가 되었다. 또한 파리를 떠나 좀 더 많은 시간을 자연과 보내고 싶다는 생각을 실천으로 옮겼는데, 특히 산을 좋아해서 정기적으로 등산을 한다. 새로운 경험을 좋아하는 그는 인간의 적응력을 실험하는 나의 이전 프로젝트에도 이미 참가한 적이 있다. 마리 카롤린은 40일이라는 시간을 모티브로 한 보석을 몇 가지 만들어주기로 했다. 시간을 테마로 하는 보석은 딥 타이머들에게 영감을 받아 만들어질 것이다.

"좋아, 우리 모두 지루해하고 있으니 마리 카롤린의 작업실을 만들어보자."

몇 번의 사이클이 지나고 내가 했던 제안이다.

"좋아, 해보자."

프랑수아와 아르노가 동의했다. 프랑수아는 동굴에서 이루어지는 설치 작업을 총괄한다.

딥 타이머들은 작업실을 위해 나무판자를 모으고, 받침대를 만들기에 적당한 나무를 찾기 시작했다. 두 번의 사이클이 더 지난 후 동굴 벽에는 나무판자들이 놓이게 되었다. 처음에는 새로운 작업실을 만들겠다는 의지로 넘쳐났다. 그런데 막상 행동으로 옮기려니 생각만큼 잘 되지는 않았다. 프랑수아와 아르노는 마치 작업을 잠시 중단하라는 명령을 받은 사람들 같다. 아니, 두 사람은 마치 맹수의 공격으로 일단 달리다가 어느 순간 왜 달리는지 잊어버린 늪지대의 물소들(물소들이 방심할 때 맹수의 먹잇감이 된다) 같다. 두 사람은 갑자기 왜 나무판자를 마련해야 하는지 의미를 망각해 작업에서 손을 놓아버린 것 같다.

　사실 모두가 단기 기억을 조금씩 잃고 있다! 우리는 동굴에서 몇 번 사이클을 보내면서 기억력이 떨어진 것 같다는 이야기를 나눈다. 모두 갑자기 왜 어떤 행동을 시작했는지 영문을 모르게 될 때가 있다. 아침을 누구와 먹었는지 잘 기억나지 않기도 하고, 아까 무엇을 했는지 깜빡할 때도 있다고 한다. 우리의 기억력은 조금씩 조금씩 퇴화하고 있다.

· · ·

기억의 메커니즘에 대해서는 여전히 밝혀지지 않은 것이 많다. 다만 기억의 메커니즘에는 크게 다섯 가지가 있으며 여기에 관련된 신경망도 각각 다르다고 알려져 있다.

　첫 번째는 단기 기억으로, 일상의 소소한 행동이 여기에 해당된다. 예를 들어 오늘 아침 누구와 식사를 했는지를 떠올리는 것이다. 두 번째는 의미 중심의 기억으로, 우리의 지식 전반을 관리한다. 세 번째는 에피소드 중심의 기억이다. 인생의 특별한 이벤트 같은 것을 떠올리는 기억이다. 우리가 자발적으로 이야기할 수 있는 중요한 사건이 여기에 속한다.

네 번째는 절차 중심의 기억이다. 우리의 자동적인 메커니즘이 여기에 저장된다. 다섯 번째는 인식 중심의 기억이다. 우리의 감각 및 감정과 관련되어 있다. 네 번째와 다섯 번째에 해당되는 절차와 인식 중심의 기억은 자극이나 욕구 앞에 작동하는 무의식적인 프로세스에 가깝다.

물론 이 다섯 가지의 기억은 서로 연결되어 있다. 예를 들어 어떤 냄새를 맡았다고 해보자. 인식 중심의 기억과 에피소드 중심의 기억이 동시에 작동할 때가 많다. 어느 골목길에서 무슨 냄새를 맡았을 때 그 냄새와 관련된 여행의 기억이나 누군가가 떠오른다. 기억력이 어떤 메커니즘을 통해 감퇴하는지는 아직 알아야 할 부분이 많다. 그나마 노인 인구 중 약 8퍼센트가 걸리는 알츠하이머를 통해 조금씩 밝혀지고 있을 뿐이다.

방금 했던 행동을 깜빡하는 것은 이전 탐험에도 빈번히 일어났다. 나와 동료들 모두 경험한 일이다. 미셸 시프르도, 마스 500의 참가자들도 기억력의 감퇴를 보고한 바 있다. 해일이나 테러처럼 충격적인 사건을 겪은 사람들, 2015년 파리 바탕클랑 극장에서 발생한 테러 사건을 경험한 사람들도 기억력 감퇴를 호소했다는 기록이 있다. 이는 프랑시스 유타슈[Francis Eustache]와 드니 페샨스키[Denis Peschanski]가 이끈 연구 프로그램 〈11월 13일 [13-Novembre]〉에도 보고된 사실이다.

우리 모두의 기억력이 감퇴한 것은 최근에 새로운 일이 한꺼번에 몰려서인 것 같다. 얼마 전부터 주변이 다르게 보이기 시작했다. 긍정적인 내용이든 부정적인 내용이든 머릿속에서 처리해야 할 데이터의 양과 내용이 많아지다 보니 일상과 관련된 소소한 기억은 뒤로 밀린 것이 아닐까 싶다. 두뇌는 잘 알고 익숙한 것을 처리할 때는 에너지를 별로 쓰지 않지만, 반대로 새롭고 놀라운 것, 익숙하지 않은 것을 처리할 때는 에너지를 많이 동원한다. 새로운 정보가 들어올 때 두뇌는 이를 이해하고 분류하기 위해 기존에 저장해 둔 정보 속에서 비슷한 것을 찾으려고 하지만, 결국 찾지 못한다. 강렬한 사건을 새로 접하면 우리의 감각 능력 전반이 자극을 받아 쉽게 흥분되는 이유다. 결국 선택이 필요하다. 두뇌는 더 중요하다고 판단한 일에 에너지를 쓰게 된다. 결과적으로 두뇌는 아침에 달걀프라이를 하다가 망친 에피소드처럼 소소한 것을 기억하는 데까지 에너지를 쓸 여력이 없다.

새로운 사건이 일어나면 다양한 욕구가 생기고, 우리는 서로 다른 욕구들을 조율해야 한다. *나중에 다른 비슷한 상황에서도 떠올릴 수 있게 특별한 사건 위주로 기억하는 것이 좋을까(에피소드 중심의 기억을 통해)? 아니면 일상의 평범한 일 중심으로 많이 기억하는 것이 좋을까?* 두뇌 입장에서는 어떤 정보가 중요한

지 빠르게 판단해야 한다. 무엇을 기억하고 말아야 할지 선택하는 문제는 늘 쉽지만은 않다. 충격적인 사건이 벌어지면 방어기제가 작동하면서 격렬하게 끓어오르는 감정은 일시적으로 잠잠해진다. 그 결과 세세한 부분은 기억에서 희미해진다. 일반적으로 우리 두뇌는 장기적으로 도움이 될 것이라 판단되는 내용에 집중한다.

　모든 딥 타이머가 새로운 정보와 환경에 다양하게 노출되어 있다. 익숙하지 않은 환경 속에서 시간에 길들여진 습관을 버리고 새로운 방식으로 살아야 하다 보니 일시적으로 단기 기억력이 떨어진 것이다. 우리의 뇌는 새로운 시간 시스템을 만들기 위해 미친 듯이 일하고 있어서 소소한 것까지 기억할 여유가 없다. 시간의 개념을 잊고 살아야 하는 환경에 놓이면 모두가 처음에는 그렇게 큰일이 아니라고 생각한다. 하지만 아무리 새로운 환경에 놓여도 오랫동안 익숙해진 습관에서 완전히 벗어나기는 힘들다. 그러다 보니 알게 모르게 지금이 몇 시일까를 틈날 때마다 생각하기도 하고, 어떤 행동을 할 때마다 시간이 어느 정도 걸릴까를 무심코 떠올리기도 한다. 물론 어떻게 해도 지금은 시간을 알 수 있는 방법이 없다. 지금 딥 타이머들이 느끼는 피로는 육체적인 것이 아니라 정신적인 것이다. 분명 우리 뇌는 시간 개념이 없어진 새로운 무질서 상황에 적응하기 위해 애쓰고 있다. 정신적 피로의 원인을 여기서 찾을 수 있다.

· · ·

시간은 참으로 묘한 존재다. 시간은 볼 수도, 만질 수도, 느낄 수도 없지만 우리의 삶을 지배한다. 시간이란 무엇일까? 프랑스의 물리학자이자 과학철학자인 에티엔 클랭Étienne Klein이 정의한 것처럼 '바퀴 달린 감옥'일까? 우리가 계속 앞으로 가는 한 절대로 내릴 수 없는, 바퀴 달린 감옥. 아니면 플라톤이 '태양의 움직임' 혹은 '태양이 지나가는 길'로 정의한 것처럼 구체적으로 측정할 수 있는 흐름일까? 시간이 무엇인지에 대해 생각해 보는 지금 이 시간에도 시간은 흘러간다.

시간의 정의, 나아가 시간의 관념에 관한 토론은 매우 다양하게 이루어지고 있다. 철학자 이마누엘 칸트Immanuel Kant는 시간을 주체의 입장에서 바라보았다. 칸트는 시간을 이렇게 정의한다. "시간이란 주관적으로 표현된 인간의 조건에 불과하다." 즉, 시간은 주체의 인식에서 벗어나면 아무것도 아니라는 뜻이다. 시간에 대한 칸트의 사상은 영국 철학가 조지 버클리George Berkeley의 주관적인 이상주의와 잘 통한다. 버클리는 인식되지 않는 만물은 현실이 아니라고 보았다. 한번 생각해 보자. 숲속의 나무가 쓰러졌는데, 이 소리를 들은 사람이 한 명도 없다면 이것이 존재하는 현실이라고 할 수 있을까? 마찬가지로 시간은 그 움직임을 인식하는 사람이 있어야 비로소 흐른다고 할 수 있다.

하지만 인간 중심적인 시각에서 시간을 바라보는 태도에는 문제가 있다. 인간이 시간의 흐름을 관찰하기 이전에도 시간은 계속 흘렀을 것이다. 이를 어떻게 알 수 있을까? 세계를 하나의 블록처럼 보는 초현실적인 철학은 시간 개념을 잘 설명한다. 여기에서는 인간의 시선이 중요한 역할을 한다. 즉, 시간이 생겼다가 사라질 때까지, 시간의 모든 것은 고정되어 있으나 인간의 시각에 따라 다르게 보인다는 것이다. 이는 마치 우리가 지나치는 풍경과도 같다. 풍경 자체는 움직이지 않고 고정되어 있으나 인간의 인식에 따라 다르게 보인다.

과거, 현재, 미래. 이 모든 것은 예전부터 변함없이 존재했을 것이다. 존재하는 모든 것은 인간에게 관찰되기 전부터 이미 존재했다는 뜻이다. 구체적으로 표시된 시간을 보지 않으면 시간은 더 이상 움직이지 않는 것일까? 인식되지 않는 시간은 더 이상 존재하지 않고 흐르지도 않는 것일까? 만일 내가 더 이상 시간이 흐른다는 것을 알지 못한다면 시간은 움직이지 않고 고정된 존재가 될까? 그렇게 되면 사흘이 흘러도 그날이 그날일 것이다.

딥 타이머들이 무기력을 느끼는 이유는 시간이 느리게 흘러간다고 생각하니 생체리듬도 느리게 움직여서가 아닐까? 어쩌면 딥 타이머들은 멈추지는 않지만 느릿느릿 가는 보트와 같은 처지일 수 있다. 이렇게 있다가 딥 타이머들은 어느 순간에 활동을 포기하게 될지도 모른다. *인간의 노화도 시간이 흐른다는 인식과 관계가 있을까?* 꽤 멋진 생각이다. '시간이 표시되는 것을 모두 없앤다.' 연금술사들이 그렇게 추구하던 영원불멸의 핵심 원칙이 시간의 흐름을 인식하지 않는다는 것이었다. 그렇다면 몇 세기 후에 이런 제목의 기사가 나올지도 모르겠다. '열다섯 명의 딥 타이머, 영원히 살다.' *하지만 만일 영원히 산다면 우리가 그 인생을 감당할 수 있을까?*

시간은 계속 흐를 것이다. 여전히 시간에 대해서는 알아가야 할 것이 많지만, 확실한 것은 시간은 고정되어 있지 않다는 사실이다. 첫 페이지부터 마지막 페이지까지 책을 읽을 때, 동굴 위층을 탐험할 때, 이 모든 일은 순식간에 이루어지는 것이 아니다! 그렇기 때문에 관찰자가 주관적으로 인식할 때 비로소 시간이 흐르는 것이라는 관점은 철학에서나 통용될 뿐, 근대 물리학에서는 채택되지 않았다. 우리는 이미 잘 알고 있고 느끼고 있다. 시간은 '흐른다'는 것을…. 시간은 우리의 행동에 따라 달라지는 개념이 아니다. 우리가 열심히 활동하든, 아무것도 하지 않아 심심해하든, 시간은 멈추지도, 빨리 가거나 느리게 가지도 않는다. 시간은 일정하게 간다. 시간은 그냥 시간이다! 우리의 행동은 아무리 작은 것이라도 시간의 영향을 받는다. 시간의 개념 없이는 특정 사건을 이야기할 수도, 업무 계획을 세울 수도, 미래를 상상할 수도, 감정을 느낄 수도 없다. 그렇다면 시간은 무엇일까? 특히 우리 딥 타이머에게 시간은 어떤 존재일까?

시간은 볼 수도, 정확히 정의 내릴 수도 없다. 이러한 추상적인 시간을 단순하게 표현하기 위해 만들어진 것이 시간을 세는 시스템으로, 몇 세기 전에 탄생했다. 초기의 시계는 1년 동안 계절의 변화와 낮과 밤이 교대로 바뀌는 하루 24시간을 기준으로 했다. 현재 보편적으로 사용되는 방법은 10진법이니, 만약 이 기준으로 시계를 만들었다면 지금과는 달리 열 시간이나 스무 시간으로 시간을 세고 있었을지도 모른다. 최초로 시간을 세는 시스템을 만든 것은 바빌로니아 사람들로, 그들은 12진법을 사용했다. 바빌로니아 사람들은 손가락 하나에 있는 세 마디를 기준으로 삼았고, 엄지손가락을 제외한 한 손의 손가락 네 개에 3을 곱해 나오는 열두 시간을 하루로 생각했다. 이것이 시계에 숫자가 12까지 쓰이게 된 기원이다.

또한 바빌로니아 사람들은 계절의 순환이 한 번 이루어지는 기간이 360일 정도라는 것을 알아냈다. 이 또한 12배수다. 12는 그야말로 편리한 숫자다. 달^{Month}, 주요 별자리, 낮과 밤으로 이루어진 하루가 기준으로 삼는 숫자가 12다. 한 시간은 60분으로 나뉜다. 60도 12의 배수다.

우리가 현재 사용하는 시계는 바빌로니아의 고대 도시 메소포타미아에서 탄생한 개념을 기본으로 한다. 약 5,000년 전에 시계의 초기 개념이 문자와 함께 발명되었다. 엄밀히 말해 바빌로니아 사람들이 시간을 '창조'한 것은 아니다. 이들은 그저 추상적인 시간을 구체적으로 이해할 수 있는 시스템으로 표현한 시계의 초기 개념을 만들었을 뿐이다. 이후에 인간은 시간을 더욱 무한소 단위로 나누었다. 해시계보다 정확한 기계식 시계가 나오면서 분 단위가 생겼고 1분은 60초로 나뉘었다.

　근대식 시간 시스템은 1889년 제1회 국제 도량형 총회 Conférence générale des poids et mesures를 통해 정착된 것으로, 최근의 일이다. 그러니까 우리가 시간을 초 단위로 세게 된 역사는 약 100년 정도밖에 되지 않았다. 초 단위는 평균 태양력 기준으로 하루를 86,400으로 쪼개어 정해졌다. 시계가 정교해지면서 인간도 시계에 점점 의존하게 되었다. 시간을 특별한 방식으로 나누려는 인간의 욕구는 멈출 줄 몰랐다. 1967년에 열린 제13회 국제 도량형 총회는 인류 시간의 역사에 전환점이 되었다. 완전히 새로운 원칙이 생긴 것이다. 그 전까지는 자연 현상이 시간 단위의 기초였으나 이제는 원자 시계, 즉 세슘 원자의 진동이 시간을 나누는 기준이 되었다. 진동 90억 이상(9,192,631,770)이 정확히 1초가 된다. 이 엄청난 수를 1초 안에 세는 인간까지는 되고 싶지 않지만! 이제 우리가 사용하는 모든 시간 시스템은 이 데이터를 기본으로 한다.

· · ·

스위스식 시계 관점은 계속 발전했다. 시간을 이해하는 방식은 문명에 따라 다르다. 여기서 한 가지 생각이 들 수 있다. 바로 시간의 본질과 인간이 발명한 시계는 별개라는 것이다! 지구는 언제나 같은 속도로 자전하면서 태양의 주위를 돈다. 인간이 시간을 어떤 방법으로 세든 우주는 관심 없이 계속 팽창한다. 인간이 시간을 어떻게 생각하든 식물은 관심 없이 계속 자란다. 인간이 식물이 자라는 속도를 어떤 기준으로 세든 식물은 관심이 없다. 9개월을 기준으로 해서 식물이 자라는 속도가 2300만 초라고 생각하는 것은 인간의 관점이다. 인간이 어떻게 생각하든 식물 자체에게는 중요하지 않다.

시간은 크게 절대적인 시간과 우리가 인식하는 시간으로 나뉜다. 우리가 인식하는 시간은 구체적이면서도 추상적이다. 절대적인 시간은 우리가 여전히 완벽하게 이해하지는 못해도 보편적인 시간에 해당된다. 갈릴레오 갈릴레이Galileo Galilei는 최초로 시간을 반복적인 순환의 원칙(날, 해)이라는 범위를 초월해 수학 변수로 생각했다(1638). 그리고 이어서 아이작 뉴턴Isaac Newton은 최초로 시간을 '영원한 것'으로 생각해 물리의 개념으로 삼았다(1687). 시공간 이론에서 시간은 매우 중요하며, 공간과 거리는 시간을 수학 변수로 생각한 개념이다. 갈릴레이는 시간을 t로 표시하여 순간 속도(시간에 따른 위치의 변화)와 가속도(시간에 따른 속도의 변화)라는 개념을 만들었다.

뉴턴은 절대적인 시간의 이론을 개발했다. 뉴턴은 절대적인 시간을 우주의 관점이라고 봤다. 갈릴레이와 뉴턴 덕분에 시간의 개념은 물리학의 원칙이 되었다. 물리학에서는 매 순간을 하나밖에 없는 고유한 것으로 계산하게 되었다.

20세기에는 시간에 대한 새로운 발견이 제시되었다. 1905

년 알베르트 아인슈타인Albert Einstein은 일반 상대성 이론을 통해
공간과 시간은 긴밀하게 얽혀있다고 주장했다. 그러니까 뉴턴
이 주장한 것처럼 시간은 절대적이지 않고 우주의 지점에 따라
다르게 움직이는 대상이라는 뜻이다. 영국 출신의 노벨물리학
상 수상자 로저 펜로즈Roger Penrose나 스티븐 윌리엄 호킹Stephen William
Hawking 같은 여러 물리학자들이 연구를 통해 아인슈타인의 이론
을 완성했다.

현재 과학계에서 시간에 대해 합의한 몇 가지 내용이 있다.
빅뱅 이후 공간이 나타났고, 얼마 지나지 않아 공간이 팽창하면
서 자연적으로 시간이 나타났다는 것이다. 그러니까 시간은 약
135억 년 전에 탄생했다. 분 단위에서는 학자들마다 이견이 있
으나 대체로 시간의 역사는 약 135억 년 전으로 본다. 이렇듯, 시
간이 탄생한 시기에 대해서는 어느 정도 의견 일치를 봤지만 시
간이란 정확히 어떤 성격을 지니고 있는가에 대해서는 오랫동안
논의가 계속될 것 같다.

우리가 인식하는 시간은 절대적인 시간에 비해 모호한 부분
이 많다. 인간은 기본적으로 시간에 의지해 살아간다. 인간은 시
간을 전혀 지배하지 못한다. 인간이나 생명체가 필요로 하는 3
대 요소는 생물학적 욕구(숨쉬기, 마시기, 먹기, 쉬기)와 중력 시스
템, 그리고 시간이다. 첫 번째, 생물학적 욕구가 없어지면 인간
은 생명을 연장할 수 없다. 인간은 숨을 쉬지 못하면 몇 분 내로,
물을 마시지 못하면 약 60시간 후, 잠을 자지 못하면 며칠 안에,

음식을 먹지 못하면 약 30일 만에 사망한다. 두 번째, 중력 시스템이 없어지면 당장에 사망하지는 않아도 세포의 성장과 신체 기능 발달에 문제가 생긴다. 우주 여행을 하거나 MIR, ISS 같은 우주 정거장에 머물며 무중력 상태에 노출되면 이러한 문제가 나타날 수 있다. 마지막으로 세 번째 요소, 즉 시간이 없어진다면…. 이것이 인간에게 어떤 영향을 미치는지에 대해서는 밝혀진 바가 없다.

이를 밝혀내기 위해서는 우선 실제로 시간을 없애거나 멈출 수 있는지 알아봐야 한다. 시간은 없앨 수도, 멈출 수도 없다. 과거의 역사와 우주의 미래, 우주를 구성하는 모든 것이 같은 시공간에 모이기 때문이다. 빅뱅 이전에는 시간이 존재하지 않았을 수도 있다. 그때는 엄청나게 뜨거운 열이 발산돼서 생명체가 살아가기에는 힘들었을 것이다. 따라서 시간을 없앤다는 것은 생명을 없앤다는 뜻이다. 시간이 사라지면 생명체는 모두 사라진다. 시간은 만질 수 없으며, 다만 있는 그대로 받아들여야 한다.

인간은 시간을 없앨 수 없고 시간과 맺는 긴밀한 관계에서도 완전히 해방될 수 없다. 인간은 절대로 시간의 흐름을 통제할 수 없다. 인간이 없앨 수 있는 것은 시간에 대한 인식뿐이다. 하지만 엄밀히 말해 시간에 대한 인식도 완전히 없앨 수는 없다. 우리는 어떤 순간을 경험하든 자신도 모르게 시간을 주관적으로 의식한다. 예를 들어, 같은 1분이라도 사랑하는 사람을 안고 있는 상황이라면 매우 짧게 느껴지지만, 사랑하는 사람의 소식을 기다리는 상황이라면 매우 길게 느껴진다. 같은 24시간이라도 아이가 느끼는 하루와 인생의 황혼기에 접어든 노인이 느끼는 하루는 다르다. 하루라는 시간은 살아온 날과 앞으로 살아갈 날이 어느 정도냐에 따라 짧게 느껴지기도 하고 길게 느껴지기도 한다. 우리는 모든 나이와 모든 순간에 살아온 시기를 시간이라는 개념으로 나눈다.

손목시계가 없어도 인간은 시간을 주관적으로 인식할 수 있다. 이때의 시간은 보편적인 시간과는 다른 개념이다. 두 사람이 있다고 해보자. 정확히 똑같은 햇수의 시간을 보낸다고 해도 인생이 즐거운 사람이라면 시간이 매우 짧게 느껴지지만, 인생이 지루한 사람이라면 그날이 그날 같아서 시간이 매우 길게 느껴진다. 같은 시간이라도 시간의 길이를 주관에 따라 다르게 느끼는 것은 인간뿐일까? 아기 사자는 어떨까? 사냥 연습을 할 때보다는 놀 때 시간이 더 빨리 흘러간다고 생각할까? 어쩌면 그럴지도 모르겠다. 과학적으로 증명하기는 힘들어도 아기 사자도 시간을 주관적으로 인식한다고 생각하고 싶다. 적어도 진화를 거친 생물이라면 특정 순간의 시간을 주관적으로 인식할 가능성이 있다. 시간 그 자체의 길이는 알 수 없어도 그 시간에 어떤 활동을 집중하며 했느냐에 따라 시간이 짧게 느껴지기도 하고 길게 느껴지기도 한다.

• • •

따라서 시간에 대한 인식은 어느 정도는 인위적이다. 인간은 시계에 의지하여 사회생활을 하며, 모든 인간은 시계의 조종을 받는다. 물론 시계가 나오기 전에도 인간은 밤보다는 낮에 주로 활동했으나, 12세기부터 본격적으로 정해진 시간에 따라 활동하기 시작했다.

604년 사비니앵Sabinien 교황은 수도사들에게 낮에는 종을 일곱 번, 밤에는 한 번 치라고 명령하여 예배 시간을 알렸다. 이렇듯 시간을 정해 특정 활동을 함께하는 개념은 기독교 사회에서 시작되어 여러 사회로 퍼져나갔다. 당연히 최초의 시계가 설치된 곳은 교회였고, 얼마 지나지 않아 교회의 종이 매 시간 울리게 되었다. 지금도 스위스와 프랑스의 여러 마을에서는 교회의 종소리가 울린다. 중동에서도 기도할 시간이 되면 사제들이 종을 친다. 역시 자연의 흐름으로 생겨난 것이 아니라 인위적으로 만들어진 규칙이다.

종교가 있는 곳에 사회 조직이 만들어졌고 사회 조직은 시간의 지배를 받았다. 문명이 발달할수록 시간의 영향력은 커졌다. 수세기에 걸쳐 시간을 표시하는 기구들이 정밀해지며 시간은 인간의 주인이 되었다. 21세기인 지금 우리는 여전히 시간의 지배를 받는다. 손목시계에서 더 나아가 전 세계를 연결하는 스마트폰의 시계는 우리를 더 세게 움켜쥔다. 눈에 보이지 않는 시간은 인간에게 더 치명적인 존재가 되었고, 인간은 어디에 있든 시간의 굴레에서 빠져나올 수 없게 되었다. 1분 단위로 계획을 짜야 할 것 같은 강박에 시달리지만, 시간을 지배하려고 하면 할수록 시간은 도망간다.

이렇게 보면 인간은 가해자이자 피해자다. 초연결을 지향하는 스마트 기기들이 등장하면서 인간은 일을 하든 여가를 즐기든 SNS를 하든 엄청난 양의 정보에 노출된다. 정보가 홍수처럼 쏟아지는 세상에서 살다 보니 무엇을 하든 시간이 모자란다는 생각이 든다. 편리한 현대사회를 사는 사람들이 요가나 명상처럼 정신적으로 쉬어갈 수 있는 나만의 시간에 열광하는 이유도 시간이라는 감옥에서 느끼는 답답함에서 벗어나기 위해서다.

촘촘한 사회 조직 안에서 정해진 시간에 따라 움직이는 생활이 숨 막힐 때가 있다. 잠시라도 이 생활에서 해방되면 마음이 편할 것 같다. 하지만 이러한 감정도 일시적이다. 이미 시간의 지배를 받는 일상생활에 익숙해진 현대인들은 시간의 영향력에서 너무 오래 벗어나면 오히려 무엇을 해야 할지 몰라 방향을 잃고 무기력해진다.

2020년 코로나19 사태 때 우리는 이미 이러한 현상을 목격했다. 팬데믹으로 1차 봉쇄령이 내려지자 사람들은 처음에는 그동안 바빠서 못 했던 것을 자유롭게 할 수 있게 되리라 기대했다. 하지만 봉쇄와 해제가 반복되자 그동안 쌓아온 규칙과 시간을 기준으로 촘촘하게 짜두었던 기존의 생활 모델이 무너지는 상황에 봉착하게 되었다. 봉쇄령 아래에서 우리는 혼자 있든 누군가와 함께 있든 시간 관리법을 새로 다시 배워야 했다. 언제 외출할 수 있을지, 그러다 언제 또 제한될지 정확히 알 수 없는 상황이었다. 불확실한 상황 속에서 사람들은 정신적인 피로를 호소하고 불안해했다. 2020년 12월 말에 이루어진 조사에 따르면 인구의 절반 정도가 시간 개념이 일부 사라짐에 따라 기억력이 감퇴했고 미래를 구체적으로 그릴 수 없게 되었다고 토로했다고 한다.

만질 수는 없으나 우리 곁에 늘 존재하며 보편적으로 사용되는 시간은 개인과 사회를 막론하고 모든 활동의 주요한 기준이 된다. 시간은 수많은 제도 중 유일하게 우리가 바꾸거나 없애려는 노력을 하면서 그 영향력을 이해할 수 있는 개념이기도 하다. 그렇다면 시간이라는 삶의 기준이 사라졌을 때, 인간은 어떻게 적응해 나갈까? 이것이 우리가 딥 타임 프로젝트를 하는 이유다.

· · ·

열네 번째 사이클이 되자 우리의 무기력증은 더욱 심해졌다. 이번 프로젝트를 기획하면서 어느 정도 예상했던 일이기는 하다. 우리는 왜 무기력에 시달리게 되었을까? 아마 세 단계의 변화를 거친 것이 아닐까 싶다.

동굴에 들어온 후 초기, 그러니까 첫 번째에서 여덟 번째 사이클 사이에는 우리 모두 새로운 활동을 하느라 정신이 없었다. 계획을 짜고 동굴을 둘러보고 생활에 필요한 일을 배워야 했다. 몸에 밴 생체리듬과 시간 감각도 여전히 살아있었다. 그래서 정확한 시간은 알 수 없어도 기존의 생활 방식은 거의 유지했다.

하지만 사이클이 지날수록 동굴에서 하는 활동에도 에너지가 점점 더 많이 들어갔고, 시간에 맞춰 생활하던 습관의 고리가 끊기자 마음이 혼란스러워졌다. 딥 타이머들은 당장에 동굴 안에서 하고 싶은 것, 단체생활을 위해 따라야 하는 것, 평소의 생활 습관 사이에서 균형을 찾지 못해 방황하며 심한 피로감을 느꼈다.

이제 우리는 전환점을 맞이하고 있다. 시간에 따라 계획적으로 살던 표준적인 삶에서는 어느 정도 벗어났으나 그렇다고 동굴에서의 새로운 삶에 완전히 적응한 것은 아니다. 그러다 보니 몇 달 동안 갇혀있다가 갑자기 자유를 찾은 사람들처럼 조금 무기력해지고 방향을 잃었다. 그래도 새로 얻은 자유는 매력적이다. 어느 날 아침 식사 중에 코라가 이에 대해 자신의 생각을 말했다.

"벌써 몇 번의 사이클이 지나갔어. 이렇게 기존의 시간 개념에서 해방되어 살고 있다니 믿기지 않아. 여기에 오기 전까지는 내가 얼마나 시간의 지배를 받으며 살았는지 미처 몰랐어. 지금은 살면서 처음으로 온전히 자유를 누리고 있다는 생각이 들어."

하지만 자유에는 대가가 따른다. 새롭게 누리게 된 자유를 어떻게 활용하면 좋을지 우리는 여전히 모른다. 동굴에서 몇 번의 사이클을 보내면서 우르밀라 생각을 자주 한다. 나는 네팔에서 멜뤼진과 함께 어느 협회를 통해 어린 시절부터 노예로 살다 자유를 찾은 지 얼마 되지 않은 그를 만났다. 그가 했던 말이 머릿속에 맴돈다.

"다시 자유를 찾았을 때는 너무 좋았어요. 하지만 점차 무엇을 해야 할지, 되찾은 자유를 어떻게 사용하면 좋을지 모르겠더라고요. 갑자기 내가 감당할 능력이 안 되는 무엇인가를 가진 기분이 들었어요."

지금 우리가 느끼는 것은 우르밀라의 심정과 같다. 우리는 잠시 방황하고 있다. 우리 팀은 시간 개념이 없는 동굴 속 세상에서 새롭게 자리를 잡아가려고 노력하고 있지만 새로운 기준을 찾지 못했다. 그렇다고 너무 심각해질 필요는 없다. 어쨌든 우리는 무기력이라는 굴레에서 빠져나와야 한다. 무기력은 필요한 감정이지만, 무기력이 계속되면 세상은 돌아가지 않을 것이다.

어떻게 해야 무기력에서 빠져나올 수 있을까? 처음으로 누리게 된 자유를 어떻게 사용해야 휘둘리지 않을 수 있을까?

10
우리는 타인을
이해할 수 있을까

제레미 이야기

"정말이야, 그 남자가 왼쪽 눈을 찡긋했다니까."

리디는 잠을 제대로 못 자 헛것을 본 게 분명하다. 실제로 일어날 법한 일이 아니다. 지상팀은 이런저런 일로 정신이 없을 때가 많다. 리디는 이번에 처음으로 오후부터 밤까지 혼자 동굴 입구를 지키게 되었다. 멜뤼진과 다른 자원봉사자들은 갑자기 사정이 생겨서, 혹은 기차가 연착되어 못 올 것 같다고 연락을 주었다. 나도 조용히 다음 계획을 세우고 세 아이와 놀아주고 싶어 엑상프로방스에 다녀왔다. 아이들은 딥 타임 프로젝트를 좋아하지만, 아직 어려 아빠인 나와 시간을 보내고 싶어 한다. 나도 조금 휴식이 필요하기는 했다. 3주 만에 처음으로 내 옷을 세탁했다. 동굴 입구를 지키다 보면 하루하루가 너무 바빠서 몸과 마음이 지쳐있다.

그런데 혼자서 지상팀 캠프를 지키던 리디가 그날, 누군가 왔다는 이야기를 들려준 것이다. 갑작스럽게 외부인이 등장했다고 한다. 그 남자는 울타리를 넘어 '출입 금지'라 적혀있는 표지판을 지나 1킬로미터의 비탈길을 올라가, "여기까지 왔으니 설비를 둘러봐도 되죠?"라고 물었다.

문이 열리고 인사를 하면 안에 있는 사람들은 기뻐할 것이다! 하지만 리디는 남자에게 우리의 프로젝트에 대해 이런저런 설명을 했고, 셀카를 찍게 해준 뒤 돌려보냈다고 한다. 보통 방문객들이 오면 이렇게 해준다. 그런데 그로부터 30분 후 남자가 다시 나타나 동굴에 머물며 개인 연구 작업을 하고 싶다고 한 것이다. 그 순간 리디는 남자가 왼쪽 눈을 찡긋하는 모습을 얼핏 봤다고 했다.

물론 이 장면은 리디의 망상일 수도 있다. 마치 B급 공포영화의 한 장면 같다. 리디는 지금까지 여러 모험을 해봤지만, 그날만큼 공포를 느낀 적은 없었다고 한다. 더군다나 혼자 동굴을 지키고 있지 않았던가! 리디는 친절하지만 단호하게 남자를 보냈고, 다행히 남자는 순순히 갔다. 하지만 그날 밤 리디는 그 남자가 다시 올까 무서워 경계를 늦출 수 없었다.

이런 식으로 갑자기 누군가가 찾아오는 일은 흔하지는 않지만, 아주 없는 일은 아니다. 갑자기 외부 사람들이 예고도 없이 나타나는가 하면, 드론이 위에서 빙빙 돌 때도 있다. 이 모든 것이 지상팀에게는 스트레스가 된다. 만일 누군가 지상팀의 감시망을 뚫고 동굴 안에 몰래 들어간다면? 동굴 안으로 통하는 철문은 자물쇠로 단단히 잠겨있지만 완전히 안전하지는 않다.

딥 타이머에게 자물쇠는 상징적인 의미를 지닌다. 자물쇠로 문이 잠겨있다는 사실은 동굴 내부에 있는 사람들에게는 완전히 고립되어 있다는 것을 실감하게 하고 중도에 포기하겠다는 유혹을 떨쳐내게 하는 장치다. 하지만 이상한 호기심이 있는 외부 사람들에게 자물쇠는 뚫고 지나가야 할 장벽이다. 누군가 마음만 먹으면 자물쇠든 쇠사슬이든 별 문제가 되지 않을 것이다. 그날 밤 리디가 두려워했던 이유가 여기에 있다.

지원팀은 늘 긴장 상태다. 나도 마치 인간 전화기가 된 것 같다! 혹시 비상 전화가 올까 봐 늘 초조하다. 긴급 상황이 발생해 전화벨이 울릴까 봐 내심 걱정되어 그런지 머리가 몽롱하다. 처음 2주 동안에는 전화가 울린 것 같은 환청 때문에 밤마다 잠에서 깨 수화기를 들었다. 물론 수화기에서는 아무 소리도 들리지 않았다. 점점 마음이 편해지긴 했으나 불안감이 완전히 가신 것은 아니다. 아직도 동굴에서 무슨 사고가 났다는 전화가 걸려올까 봐 두렵다. 혹시 내가 아무런 소통도 할 수 없는 이 프로젝트를 그리 달가워하지 않는 게 아닐까 하는 생각까지 든다!

자원봉사자들도 늘 초조할 것이다. 한 명은 전화기 앞에 꼭 있어야 한다고 일러두었다. 전화 받는 법도 철저히 교육했다. 전화가 울리면 인사를 해서는 안 되고(프랑스어는 아침과 점심, 저녁에 하는 인사가 다르다: 옮긴이) 담담한 말투로 응하되 절대로 시간을 예측할 수 있는 정보는 알려주지 말아야 한다. 말은 적게 하고 상황의 심각성을 파악해야 한다고 강조했다. 동굴 안에서 추락 사고가 일어나 급한 전화가 올 수도 있고 딥 타이머 한 명이 갑자기 불안해하면서 외부와 소통하고 싶다는 생각에 그냥 전화를 걸 수도 있다.

멜뤼진은 지상팀이 피곤해서 실수를 할까 봐 걱정한다. 멜뤼진과 리디는 최근 검은색 가방에 새로운 혈당 테스트 기기를 넣어 동굴에 들여보냈는데, 다음 날 검은색 가방이 그대로 다시 돌아왔다. 쪽지에는 혈당 테스트 기기에 날짜와 시간 정보가 뜨는 것 같으니 없앤 다음에 다시 넣어달라는 내용이 적혀있었다. 리디와 멜뤼진 모두 기기를 켜면 날짜 정보가 뜬다는 사실을 깜빡 잊었던 것이다. 다행히 크리스티앙이 얼른 모니터를 가린 덕분에 날짜와 시간 정보를 보지 못했다고 한다. 이처럼 피로가 쌓이면 간단한 것도 깜빡하기 쉽다.

지상팀에서 일하다가 가끔 짜증이 올라오고 스트레스 지수도 높아질 때가 있다. 특히 동굴에서 보내온 실험 데이터와 동영상들을 보면서 마음이 복잡해지곤 한다. 실험 데이터와 영상은 동굴 안의 생활과 팀원들의 심리와 감정을 알 수 있는 유용한 도구다. 특히 '말하는 공간'에서 딥 타이머들이 혼자 이야기하고 녹화하여 보내주는 영상은 많은 것을 알려준다. 마치 한 편의 다큐멘터리 같다.

그런데 사이클이 열 번을 넘어가면서부터 영상에 문제가 생기기 시작했다. 영상 녹화가 제대로 되어있지 않거나 디스크에 제대로 저장되지 않는 일이 많아서 건질 수 있는 영상이 거의 없었다. 어떤 영상에는 어둠 속에서 배드민턴을 치는 장면들만 녹화되곤 했다. 그나마 들리는 소리도 배드민턴에 관한 이야기뿐이라 별로 도움이 안 되었다. 평범하지 않은 시공간 속에서 딥 타이머들이 적응해 나가며 느끼는 실존적인 고민과 동굴 생활의 모습은 영상에 전혀 담기지 않았다. 멜뤼진이 난처해하며 머리를 감쌌다.

말하는 공간에서 찍힌 영상들은 거의 질이 그리 좋지 않다. 온, 오프 버튼을 제대로 누르지 않았는지 말소리를 거의 알아들을 수가 없다. 호기심이 많은 딥 타이머 한두 명이 이것저것 조작해 보다가 녹음된 것을 실수로 지운 것 같다. 지금까지 말하는 공간에서 찍힌 다섯 편의 영상 중 쓸 만한 것은 하나뿐이다. 평소 침착한 멜뤼진도 엉망으로 녹화된 영상 앞에서 투덜거린다. 마치 텔레비전을 보면서 선수들에게 들으라는 듯 투덜거리는 축구 서포터 같다.

동굴 밖으로 나오니 동굴 안이 아늑했다는 생각이 든다. 어쩌면 그냥 느낌일지도 모른다. 다른 사람들의 문제를 이해하기란 어렵다는 사실이 언제나 놀랍게 느껴진다. 더군다나 상대방과 소통을 할 수 없는 상황이라면 답답한 일이 생겨도 해결할 방법이 없어 곤란하다. 우리가 지금 겪는 일처럼 말이다. 별것 아닌 것 같은 작은 행동이 다른 사람에게는 성가신 결과를 일으킬 수 있다. 예를 들어서, 동굴 안은 습도가 높고 배수 시스템이 원활하지 못하기 때문에 옷을 빨면 지하수가 오염되고 옷도 제대로 마르지 않을 것이다. 그래서 지원팀은 딥 타이머의 수고를 덜어주기 위해 옷을 세탁해 주는 서비스를 제공하기로 했다. 동굴에 곰팡이라도 잘못 퍼지면 실험도 망치고 악취까지 나서 힘들어질 수 있기 때문이다.

사이클이 열 번 바뀔 때마다 딥 타이머들이 속옷과 티셔츠 등 빨랫감을 연결 통로에 놓으면 우리가 수거하여 세탁하고 탈수한 후 돌려놓는 것이 규칙이다. 처음에는 문제 없이 수월하게 이루어졌지만, 두 번째 수거 날에 보니 통 하나에 빨랫감이 너무 많이 들어가 있어서 넘치려고 했다. 세 번째 수거 날에는 일부 딥 타이머의 옷 주머니가 잡동사니로 가득 차있었다. 주머니를 비워달라고 했던 우리의 부탁을 제대로 들어주지 않은 것이다. 잡동사니가 그대로 세탁기에 들어가면 곤란하다. 어느 날 멜뤼진과 리디는 잠시 머뭇거리더니 시큼한 냄새가 나는 빨랫감들을 빼내 따로 세탁한 후 잘 펴서 걸었다. 이렇게 해서 깨끗하게 세탁된 옷가지가 다시 주인의 품으로 돌아간다.

세탁은 한 시간 반이면 충분하다고 생각했으나 실제로는 몇 시간이나 걸렸고, 오래 걸리는 세탁 일 때문에 지상팀의 일정이 뒤죽박죽이 되었다. 마음의 여유가 없을 때는 원망하는 마음이 생기고, 타인을 이해하고자 하는 여유가 없어진다. 타인에 대한 협조와 배려가 부족할 때, 개인의 행동이 타인에게 귀찮은 결과를 초래할 때 기분이 상하면서 인간관계가 미묘해진다.

그래도 우리는 담담한 태도를 유지하면서 서둘러 무엇인가를 단정하듯 판단하지 않도록 노력한다. 우리는 딥 타이머의 사정을 잘 모르기 때문이다. 설령 그들의 배려가 부족한 것이 아쉽게 느껴지더라도, 일부러 하는 행동은 아닐 것이라 생각하려 한다. 그들에게도 나름의 사정이 있을 것이다. 시간의 개념을 알 수 없으니 딥 타이머는 정신적으로 피곤한 상태일 수 있다. 물론 우리로서는 그들의 정신적인 피로가 어느 정도인지 정확히 알 길이 없다.

더구나 우리도 바쁘다 보면 실수를 한다. 나부터도 일기 형태의 작업 일지를 쓰는 것을 깜빡했다. 매일 저녁 꼬박꼬박 적었다고 생각했는데, 점검해 보니 무려 5일이나 비어있었다. 대체 무엇을 하고 있기에 잊어버린 것일까? 우리는 모두 모험을 하고 있고, 모험은 마냥 어려운 일은 아니지만 피곤한 일이다. 모두가 슬슬 모험의 피곤함을 느끼고 있다. 하지만 그만둘 생각은 없다. 지금의 내 자리는 세상 그 무엇과도 바꾸지 않을 것이다.

· · ·

2021년 3월 31일 저녁. 가장 우려하던 상황이 라디오 방송으로 전해졌다. 프랑스에 다시 봉쇄령이 내려지면서 학교가 문을 닫을 것이라고 했다. 각종 조치가 취해졌으나 상황을 안정시키기에는 역부족이다. 모두가 많은 것을 다시 계획해야 했다.

딥 타임은 팬데믹이 심각한 상황에서 시작되었다. 딥 타이머 중에 코로나19 감염자는 없었다. 감염자가 한 명이라도 나오면 프로젝트 전체가 취소되었을 것이다. 프로젝트가 끝나면 좀 더 조용한 곳에서 환영 파티를 열거나, 그마저도 아예 못 하게 될 수도 있다. 딥 타이머의 가족들을 포함해 사람들이 많이 모이지 않게 해야 한다. 전체적으로 안전조치를 다시 내려야 한다.

무엇보다 딥 타이머의 건강 상태가 걱정이다. 40일 동안 동굴에서 머물며 외부 바이러스와 접촉하지 않으면 면역력이 약해져 각종 병균에 취약해질 가능성이 있다. 크리스티앙에게 코로나19 감염자가 다시 급증하고 있다는 소식을 전해야 할까 고민하다 그만두었다. 외부의 소식은 일체 전하지 않는다는 것이 딥 타임의 규칙이다.

이번 프로젝트의 기본 취지를 한순간도 잊은 적이 없다. 연구의 테마는 코로나19와도 관계가 있기 때문에 팬데믹 시기에 맞추어 추진되었다. 하지만 코로나19가 새로운 국면을 맞이하며 문제가 복잡해지고 있다. 물론 내가 해결할 수 없는 문제다.

고민되는 것은 프로젝트뿐만이 아니다. 팬데믹 시대에는 일상 또한 고민거리다. 학교와 공공기관이 문을 닫으면 우리 아이들은 어디로 가야 할까?

11
새로운 세계에는
어떤 질서가 필요할까

사회 갈등

✴

갑자기 한 치 앞도 보이지 않는 어둠이다.

　동굴에서 태양 역할을 하던 조명을 비롯해 몇몇 조명이 갑자기 꺼졌다. 우리는 생활 공간에서 탁자 위와 자루 안을 더듬거리며 헤드 랜턴을 찾는다. 다행히 곧 조명등 몇 개에 다시 불이 들어온다. 그때 프랑수아의 목소리가 들린다.

　"조명등을 전부 다 켜지는 마. 배터리 아껴야지."

　태양 조명등의 전기 스위치 부분이 고장났다. 긴장감이 흐른다. 모두 이대로 조용히 있고 싶어 하는 것 같다. 동굴이 완전히 어둠에 잠기면서 우리는 옴짝달싹 못 하게 되었다.

　생활 공간은 롱브리브 안에서 유일하게 불을 켤 수 있는, 밤의 세계에서 빛을 비춰주는 안식처 같은 곳이다. 그래서 생활 공간에 있으면 안심이 되지만, 이 때문에 모험을 하는 것 같지 않다며 아쉬워하는 딥 타이머도 몇 명 있다. 두 번의 사이클이 되기 전에 과학 공간에서 딥 타이머를 대상으로 감정 인식 인터뷰를 한 결과 생활 공간에 대해 딥 타이머마다 생각이 다르다는 사실을 알게 되었다. 태양 조명등이 꼭 있어야 하는가를 놓고 의견이 분분했다. 조명등이 있다 보니 동굴 생활이 지나치게 안락해져 긴장감이 없다고 툴툴대는 딥 타이머도 있었고, 조명등 없이는 못 산다는 딥 타이머도 있었다. 모험을 어렵게 만드는 것이 무엇인지 가볍게 이야기 나누어보려 했던 것이 모두가 참여하는 대규모 토론이 되었다.

동굴에 들어온 직후부터 우리는 의견 충돌이 있을 때마다 다 함께 이야기하는 것을 원칙으로 삼았다. 당연히 음식에 대해서도 토론이 여러 번 이루어졌다. 다들 의기소침할 때 음식을 주제로 토론을 하면 단번에 활기가 넘친다! 동굴 안에 저장된 식량은 60일을 버티기에 충분하다. 하루에 세 끼 식사를 하고 스낵 등 다양한 간식도 먹을 수 있다.

하지만 음식의 종류에 따라 보관된 양이 다르다. 양배추나 파처럼 오래 보관할 수 있는 채소나 초콜릿 등은 충분히 있다. 동굴이라는 새로운 환경에 살면 짜고 단 음식이 끌리는 것 같다. 예상보다 많은 딥 타이머가 아침 식사로 비스킷과 짭짤한 음식을 원했다. 하지만 충분히 비치된 식품이 있다면 양이 모자라는 식품도 있다. 이는 동굴 안에서만 국한된 일은 아니다. 식량을 관리하는 일 또한 우리가 연구하고자 하는 조직 시스템의 테마 중 하나다.

식품을 관리하는 방법은 당연히 우리의 주요 토론 주제가 되었다. 한정된 식품의 1인당 섭취를 제한해 모두가 골고루 누릴 수 있게 해야 할까, 제한 없이 원하는 대로 먹게 하되 수요가 많은 식품이 빨리 부족해지는 현실을 받아들여야 할까? 식품을

1인분씩 나누어 각자 관리하도록 하는 것이 나을까? 식량 관리를 담당하는 티펜과 코라가 여러 방안을 테스트하고 검토했다. 결정을 내리기란 쉽지 않았다. 더구나 몇 가지 식품은 벌써 소진되고 있었다. 신선식품은 부족하고 사과와 오렌지는 이미 추억의 과일이 되어버렸다.

가장 중요하고 굵직한 문제는 오히려 쉽게 해결책을 찾지만, 자잘한 문제는 의견이 분분할 때가 많다. 특히 피로감이 심해지면 신경이 예민해져 충돌이 발생할 가능성이 높다. 한번은 주방 청소 문제와 관련해 마찰이 있었다. 냄비와 가스레인지가 지저분한 채 방치되어 있을 때가 종종 있다. 각자 식사하는 시간이 다르다 보니 생기는 문제다. 한 사람이 토마토 파스타를 만들어 다른 누군가가 먹을 수 있도록 남겨둔 것을 보고 다른 사람은 이미 음식이 담겨있어 요리할 냄비가 없다며 짜증을 낸다. 원칙적으로 설거지는 다 같이 하기로 되어있지만, 누구는 설거지를 열심히 하는 것 같고 누구는 설거지를 하지 않는 것 같다.

별것 아닌 문제 같아도 얼른 해결해야 나중에 쌓여서 큰 갈등으로 발전하는 일을 막을 수 있다. 매번 그룹 토론을 하는 이유도 가능한 한 많은 사람이 납득할 수 있는 적절한 해결책을 찾기 위해서다. 회의를 통해 다수결로 결정이 나면 누군가는 실망하겠지만 그래도 받아들이기는 한다. 서로의 생체리듬이 다르기 때문에 그룹 토론을 할 때 한 명 혹은 그 이상이 꼭 빠지게 된다. 잠자고 일어나는 시간이 일정하지 않은 에밀리가 대표적이다. 전원이 그룹 토론에 참여하는 것이 아니니 의견 일치를 보기가 힘들다. 그래서 나를 비롯해 상담을 담당하는 다른 딥 타이머가 개별적으로 만나 결정된 사항에 동의하는지 확인하는 절차를 거친다. 이렇게 단체로, 또 개별적으로 이야기를 나누면 어떤 갈등이 있어도 빠르게 합의로 나아갈 수 있다.

하지만 조명 문제는 딥 타이머 각자가 프로젝트를 어떻게 생각하는지와 관련되어 있어 합의를 이끌기가 쉽지 않았다. 토론은 격렬했다. 딥 타이머 중에는 2년 전부터 나와 함께 기후가 인지 기능과 생리 기능에 어떠한 영향을 끼치는지 알아보기 위해 오지 탐험을 준비하던 사람들이 있다. 그런데 팬데믹으로 전 세계 국경이 봉쇄되면서 일정이 최소 1년 뒤로 미뤄졌고, 대신 그중 일부가 이번 딥 타임 프로젝트에 들어오게 되었다. 이들은 위험한 모험에 익숙하다. 그런데 동굴 안에서 의자에 편히 앉아 테이블에 놓인 따뜻한 간식을 먹으며 오전의 태양처럼 밝은 조명 아래에 있으니 모험하는 기분이 들지 않는 것이다.

더군다나 현재 우리 모두 무기력한 상태라 이들은 지루함마저 느끼고 있다. 이들은 분주하게 위험을 헤쳐나가고 힘든 노력 끝에 난관을 극복하는 모험의 경험을 그리워한다. 나는 이미 이들에게 딥 타임은 역동적인 모험이 아니라고 이야기한 바 있다. 오히려 반대로 한곳에 머물며 작은 공동체를 경험하면서 문제를 평화롭게 해결하는 방법을 찾는 프로젝트라고 설명했다. 하지만 이들은 도전 욕구를 자극하는 탐험을 하고 싶다는 생각을 떨쳐

내지 못했다. 알렉시가 자신의 심경을 솔직하게 말한다.

"여기에 있다 보면 캠핑을 하는 느낌이야. 생활 공간에 오면 빛이 있고 조명은 내 마음대로 켤 수 있지. 그러다 보니 너무 편해. 조명등을 없애는 것이 나아."

딥 타이머 중 가장 건장한 알렉시는 힘든 모험을 좋아한다. 젊고 혈기가 넘치는 그는 스쿠버다이빙 강사로 일하기도 했고, 홀로 기아나의 열대림도 탐험했다. 한편으로는 혼자 조용히 있는 시간을 필요로 한다. 그런 알렉시에게 시끌벅적하고 빛이 밝게 비치는 생활 공간은 조금 어색하게 다가올지도 모르겠다. 자기 극복을 추구하는 또 다른 딥 타이머인 다미앵도 아예 조명등을 없애 불을 켜고 싶다는 유혹을 차단해야 한다고 제안한다.

그러나 다른 딥 타이머들은 태양 조명등을 없애는 것에 반대한다. 실용적인 성격의 아르노는 태양 조명등은 과학 실험에 필요한 요소이기 때문에 건드리지 않는 것이 좋다고 주장한다. 마르탱과 티펜은 컴컴한 것을 싫어해서 생활 공간에 따뜻하고 밝은 빛이 꼭 있어야 한다는 입장이다.

토론의 주제가 모험의 의미나 방식과 근본적으로 관련되어 있어서 그런지 열기가 후끈하다. 지금 이 순간만은 우리 모두 무기력을 잊고 열정적으로 동굴 생활을 즐기는 것 같다. 토론은 우리의 일상에 확실히 자리를 잡았다. 토론이 없는 동굴 생활은 상상이 되지 않는다. 높은 습도로 여러 장비를 사용하지 못하게 되었다는 어려움조차 잊을 정도로 토론의 열기는 대단하다.

...

시간을 알지 못해 두뇌가 혼란을 겪는 것도 이제 누구나 받아들이는 자연스러운 일상이 되었다. 이제는 10여 미터의 통로 여러 개로 연결되어 있는 거대한 동굴이 그야말로 집처럼 편하게 느껴진다. 우리를 둘러싼 무기력한 분위기마저도 점점 익숙해졌다. 이것만으로도 프로젝트는 성공한 셈이다.

무엇보다 피곤하고 정신없는 상황에서도 딥 타이머는 잘 극복해 가며 살아가게 되었다. 무기력하면 차라리 아무것도 하지 않거나 독서와 놀이, 이야기 등 즐거운 일을 하는 것이 낫다는 사실을 모두가 안다. 태양 조명등은 이같이 화기애애한 분위기를 상징하는 요소가 되었다. 처음에 나는 태양 조명등을 사이클마다 두세 번 정도만 사용하게 할 생각이었다. 에너지를 많이 소모하기 때문에 자주 켜면 금방 전기가 나갈까 봐 걱정되었기 때문이다. 하지만 강제로 때를 정하는 것보다는 딥 타이머의 자율에 맡기는 것이 낫다고 판단했다.

제일 먼저 생활 공간에 들어오는 딥 타이머 무리가 태양 조명등을 켜거나 꺼놓으면 된다. 처음에는 사람의 움직임을 센서로 인지해 태양 조명등에 저절로 불이 들어오게 하는 시스템을 도입하려고 했으나 딥 타이머들이 불규칙하게 드나들기 때문에 계속 켜놓는 것으로 했다. 대신 배터리를 아끼기 위해 최소 세 명이 있을 때부터 켜는 것으로 정했다. 딥 타이머의 다수가 이 결정에 찬성했다.

각자의 의견을 들은 후에 나는 이번 프로젝트의 철학을 다시 설명한다.

"딥 타임은 극단적인 환경에서 살아남는 데 초점을 맞추는 생존 실험이 아니야. 생존은 지속 가능한 생활 방식이라고 할 수 없어. 생존은 마치 무리하게 회전하는 엔진처럼 지칠 때까지 우리의 모든 힘을 쥐어짜는 거야. 이런 방식은 절대 오래가지 못해. 우리가 진짜 고민해 봐야 하는 문제는 점점 나빠지고 무질서해지는 세상에서 어떻게 삶을 꾸려나갈 수 있는지에 관한 거야. 우리가 달에 정착한다면, 만일 습한 기온이 계속되어 인도네시아 등 일부 아시아 지역의 주민처럼 임시 거처에 계속 살아야 한다면, 주기적으로 생활환경이 완전히 바뀌는 이주민의 입장이 된다면 어떻게 할 수 있을까? 여기 동굴은 시간은 알 수 없고 춥고 습해서 안락한 공간과는 거리가 멀어. 물론 모험을 위해 일부러 어려운 상황을 계속 만들 수는 있어. 하지만 그런 힘든 상황은 어디까지 만들어야 하는 거야? 동굴에 조명 빛이 있는 것이 어색하다고 했지만 가스레인지를 두는 것은 안 어색해? 식량을 가득 채운 통들이 있는 것은 자연스러운가? 포근한 침낭과 침대를 갖춘 텐트는? 자연스럽지 않은 것은 찾아보면 그 외에도 많아. 혹독한 모험을 경험하고 싶다면 무엇을 더 없애야 할까? 조명 때문에 우리가 활동량이 줄고 지루해진 것은 아니라고 생각해. 더구나 매 사이클마다 어느 정도 조명등을 켜놓아야 관찰하는 실험을 할 수 있어."

한편으로는 지금의 무기력을 극복하려면 새로운 자극이 필요하다는 사실도 잘 알고 있다. 그래서 이 말을 덧붙였다.

"현재의 생활 조건이 너무 편해서 가끔 지루하다는 의견도 있어. 하지만 이번 프로젝트를 시작하기 전에 우리가 세운 목표는 하나도 이룬 것이 없다고 생각해! 동굴 벽에 적힌 수천 개의 글에 대한 목록을 만들어야 하고, 100년 동안 사람들이 드나들면서 구석구석에 쌓여 있을 쓰레기도 치워야 하고 동굴 지도를 3D로 제작해야 해. 몇 번의 사이클을 지내면서 정작 해야 할 활동은 하나도 안 했다고!"

회의는 오랫동안 계속되었다. 회의가 길어지자 다들 조금씩 뒤로 빠졌다. 우리는 다음에 다시 토론하기로 했다. 확실하게 결정된 사항은 하나뿐이다. 최소 전체 인원의 3분의 1에 해당하는 다섯 명이 생활 공간에 있을 때 태양 조명을 켜기로 했다.

• • •

그 후 두 번의 사이클이 지나 정전 문제가 또 발생했다. 이번에는 모든 조명의 전기가 나갔다. 딥 타이머들이 술렁이기 시작했다. 전기를 많이 써서 안전판 하나가 타버린 것 같다. 카테드랄 통로에 설치된 장치는 손을 좀 봤더니 한 시간 뒤에 다시 불이 들어왔다. 이번 정전은 확실히 장치에 문제가 있어서 생긴 것이다. 외부에서 정전이 일어나 여기에도 정전이 일어난 것일 수도 있고 동굴의 전기 시스템이 과열되어 정전이 일어난 것일 수도 있다. 동굴의 전기 시스템 전반의 문제라면 우리 손으로 해결하기는 힘들다.

사실 정전 자체는 큰 문제가 아니다. 그보다 배터리 충전 시스템이 더 중요하다. 우리가 부지런히 움직여야 제대로 돌아갈 수 있기 때문이다. 배터리를 충전하기 위해 우리는 매 사이클마다 자전거 페달을 돌려야 한다. 딥 타이머 모두가 교대로 자전거를 돌렸다. 여기에는 에너지를 만들어낸다는 기능 외에도 심장과 폐 기능을 높이는 운동을 한다는 목적이 있다. 동굴은 습도가 높고 바닥이 딱딱해 다른 운동은 하기가 불편하다. 그러한 와중에도 많은 딥 타이머가 컨디션을 유지하기 위해 가끔 트레이닝을 한다. 따라서 자전거는 일석이조다. 우리 열다섯 명은 자전거를 열심히 돌린다. 아마 여기에 있는 한 계속 돌려야 할 것이다.

장치를 살펴보니 제한기 하나가 작동해 전압이 충분히 공급되지 못해 축전지가 제대로 충전되지 않은 것 같다. 이런 문제가 발생하면 우리의 과학 장비와 조명등이 작동하지 않게 된다. 갑자기 칠흑같이 어두워지며 우리는 실험을 중단해야만 했다. 헬멧에 달린 손전등마저 배터리 부족으로 꺼져, 두 개의 작은 가스등과 버너에만 의존하고 있다.

배터리를 담당하는 프랑수아는 전기를 아껴야 한다고 몇 번이나 강조했다. 국회와 프랑스 군에서도 근무한 적이 있는 프랑수아는 현재 스타트업에서 일하고 있다. 평소에 바쁜 스케줄을 즐기는 프랑수아가 한곳에만 머무르는 이번 프로젝트를 어떻게 견뎌낼지 걱정되었지만, 생각보다 프랑수아가 여기 동굴 생활을 좋아하는 것 같아 다행이다. 프랑수아는 지금처럼 특수한 상황에도 잘 대처한다.

"전등은 한 번에 짧게 사용하고, 사용하더라도 불빛을 약하게 해야 해. 다 같이 무언가를 읽을 때만 같은 밝기로 켜면 되니까. 앞으로 얼마나 배터리를 사용할 수 있는지 계산해서 알려줄게."

그 틈에 나는 안전 규칙을 다시 한번 일러둔다.

"동굴을 탐험할 때는 헤드 랜턴을 착용하고 건전지와 함께 여분의 전등도 준비해야 해. 절대 혼자 가면 안 돼. 만일 갑자기 전기가 나가면 더 이상 앞으로 가지 말고 무조건 멈춰. 누가 올 때까지 기다려야 해. 생활 공간, 수면 공간, 과학 공간에 있을 때 전기가 나가면 당연히 누군가 올 거야. 물론 새로운 안전 지시가 내려질 때까지는 동굴 탐험은 중단하고 불필요한 전기는 사용해서는 안 돼."

특히 동굴 탐험 중단 결정은 딥 타이머들에게 괴로울 수 있다. 규칙과 안전은 언제나 까다로운 주제다. 사실 지금 우리의 상황에서 규칙과 안전은 역설적이라 할 수 있다. *어떻게 해야 자신의 생체리듬에 따라 생활하고 자신의 감정과 욕구를 자유롭게 누리면서도 공동 규칙을 세울 수 있을까? 단체라는 것 자체가 이미*

규칙은 아닐까?

현대인은 상대적으로 위험이 일어날 가능성이 적은 평온한 세상에 살고 있다. 하지만 밧줄 타기를 해야 하거나 지금처럼 정전이 발생하기도 하는 이곳에서는 다르다. 피곤한 것도 위험 요소가 될 수 있다. 컴컴한 곳에서 잘못 걷다가는 바닥이 울퉁불퉁해 발을 삘 수 있다. 첫 번째 사이클 때 기자 몇 명이 이미 동굴 바닥에 걸려 가벼운 부상을 입었다. 물론 누군가 다치면 우리 팀의 의사가 활약해 줄 것이다.

안전 구역을 벗어나 그랑 카오 통로나 연결 통로에 갈 때는 헤드 랜턴을 착용하고 발목 보호용 긴 신발을 신고 여러 명이서 다니는 것이 규칙이다. 동굴 위층을 탐험할 때나 물을 길으러 갈 때는 안전 규칙을 더 엄격하게 지켜야 한다! 모두가 밧줄 타기 훈련을 받긴 했지만 경험이 부족하기 때문에 특히 주의할 필요가 있다.

사실 밧줄 타기보다는 예기치 못한 돌발 상황이 더 걱정이다. 밧줄 타기를 할 때는 모두 집중하고 최소 세 명이 한 팀이 되어 서로 돕기 때문에 괜찮을 것이다. 하지만 누구나 방심하다 길을 잃거나 좁은 통로에 끼고, 물 높이를 잘못 계산하여 5도밖에 안 되는 차가운 물에 빠질 수도 있다. 다행히 아직까지 큰 위기는 없었다.

안전 수칙을 제대로 따르지 않는 상황이 생기는 것은 크게 두 가지 이유에서다. 첫 번째로는 지식이 부족해서고, 두 번째로는 자신에 대한 평가가 제대로 이루어지지 않았기 때문이다. 같은 집단에 있다고 할지라도 능력은 다 다르다. 안전 수칙을 제대로 파악하지 못한 사람은 사고가 나면 모두에게 얼마나 큰 피해를 끼치는지 잘 모른다. 실제로 사고가 나면 프로젝트를 미처 마치지 못하고 돌아가야 할 수도 있다.

　이 주제에 대해 특히 요안과 많은 이야기를 나누었다. 수학 교사인 요안은 서핑 매니아로, 요트 강사이기도 하다. 우리 중 신체적으로 가장 단련된 그는 자유를 사랑하며 규칙을 방해물이라고 생각한다. 그래서 그는 카렌의 철문이 잠기자 꽤 격하게 반응했다.

　나는 이런 과정을 거치는 이유가 미셸 시프르의 모험처럼 완전히 폐쇄적인 상황을 만들기 위해서라고 자주 설명했다. 미셸 시프르는 혹여 미션 중에 동굴 밖으로 나가고 싶은 유혹을 느낄까 봐 사다리나 밧줄처럼 출구에 다가가게 해주는 도구도 치웠다. 마침내 요안은 '감금' 상태로 생활하는 것이 자신의 가치관과 충돌하기는 해도 받아들일 수밖에 없다고 납득했다.

　요안은 딥 타임의 조건을 받아들이겠다고 했으나 충분히 이해한 것은 아닌 듯하다. 그러다 보니 자유를 구속한다고 생각하는 규칙을 지키지 않을 때가 있다. 이 문제 때문에 요안에게 짜증이 날 때가 많았다. 요안이 헤드 랜턴을 착용하지 않거나 발목까지 오는 신발을 신지 않는 등 복장 규칙을 따르지 않으면 나는 여러 번 잔소리를 해야 했다. 잔소리는 요안만 듣기 싫은 것

이 아니라 나도 하기 싫다. 경찰 노릇을 하고 싶었다면 모험가의
길이 아니라 경찰 제복을 입는 길을 택했을 것이다. 다른 딥 타
이머들과 그랬던 것처럼 요안과도 갈등을 해결하기 위해 대화를
나누었으나 별 진전이 없었다.

팀이 탐험을 떠날 때마다 이런저런 걱정으로 두려워 잠을
설친다. 딥 타이머들은 건강하고 자율적이지만 나는 육체적으로
나 정신적으로나 이들을 책임져야 하는 입장이다. 딥 타이머 중
새로운 것에 도전하길 즐기는 이들은 언제나 여기저기를 탐험하
고 싶어 하고, 가끔 안전 수칙을 중요하게 생각하지 않는다. 물론
이들이 이해되지 않는 것은 아니다. 내가 탐험가라는 직업을 선
택한 이유도 한계를 극복하고 싶어서였다.

그래도 단체생활을 할 때는, 특히 경험이 많지 않은 사람들
을 인솔할 때는 혼자 있을 때와 똑같이 행동할 수는 없다. 단체
를 책임지는 위치에 있으면 어깨가 무거워진다. 나의 신중한 행
동이 초보자들에게 모범이 된다. 단체 활동에서는 개인적으로
행동하다가 집단을 위험에 빠뜨릴 수 있다. 사고가 나면 단체를
위험에 빠뜨리는 일이 된다. 한 사람이 차가운 물에 빠지면 누군
가 구조하기 위해 물속에 뛰어들어야 한다. 한 사람이 발목을 삐
면 동굴 밖으로 나가야 하기 때문에 팀 전체의 계획이 엉망진창
이 되어버린다.

말하는 공간의 입구 쪽에는 약 30미터의 작은 수직 통로가
있다. 여기를 탐험하기 위해서는 까다로운 구멍을 통과해야 한

다. 처음 롱브리브 동굴을 답사할 때 이 통로를 겨우 통과하며 꽤나 고생했던 기억이 있다. 좁은 구멍에 몸을 밀어넣고 장비를 모두 빼낸 뒤에야 통과할 수 있었다. 그래서 팀원들에게 좁은 수직 통로를 만나면 억지로 탐험하지 말라고 일러두었다. 그런데 몇 번의 사이클이 지난 후 제롬이 조금 초조한 듯이 말했다.

"요안과 마리나가 수직 통로 아래로 내려갔어. 그런데 밧줄 장비 상태가 이상해. 내가 소리쳐 불렀지만 아무 대답도 들리지 않았어."

나는 즉시 다미앵, 제롬과 함께 문제의 그곳에 갔다. 밧줄은 보호 장치 없이 두 줄로 축 늘어져 있었다. 산이라면 밧줄을 두 줄로 해 아래로 내려가면 되지만, 동굴에서는 한 줄을 타기 때문에 내려가거나 올라올 때 밧줄을 단단하게 고정하는 것이 중요하다. 밧줄이 더 아래로 내려가지 못하게 얼른 고정해 두는데, 마침 요안과 마리나가 밧줄을 타고 올라오고 있었다. 다행히 둘 다무사하다.

"밧줄을 이렇게 해야 안전벨트를 뺄 수 있어서."

요안이 변명하듯 말했다.

왜 이런 일이 일어났을지를 생각해 본다. 우선 내가 위험한 통로가 어디인지를 명확하게 알려주지 않은 것이 문제일 수도 있다. 요안과 마리나도 탐험할 때 꼭 셋이 가야 한다는 규칙을 어겼고, 밧줄도 규칙대로 설치하지 않았다. 장비를 다뤄야 할 때는 책임감을 가지고 더욱 집중해야 하는데 말이다.

안전 문제에서 신뢰는 매우 중요하다. 신뢰는 가지기 힘들지만 공동체 유지의 기본이 되는 것이다. 어떻게 하면 팀원들을 믿고 자유롭게 내버려 둘 수 있을까? 딥 타이머는 자신과 타인의 안전을 위해 최선을 다하고 있는 게 맞을까? 기술과 지식이 부족한 사람들을 믿어주는 것, 다른 사람들의 의견을 그대로 들어주는 것은 늘 쉽지만은 않다. 혼잣말을 해본다.

"좋아. 사람들은 혼자 떠날 거야. 사람들은 탐험을 할 거야. 주의를 기울이겠지만, 때로는 실수도 할 거야. 하지만 그래도 사람들은 묶어둘 수는 없어!"

사람을 가둘 수는 없다. 무엇을 하지 말라고 잔소리를 하고 싶지도 않다. 무엇보다 딥 타임의 취지와 원칙에 맞지 않는다. 상황을 받아들일 수밖에 없다. 내가 할 수 있는 일은 사람들을 믿는 것뿐이다. 내가 믿으면 사람들도 나를 믿어주는 법을 배울 것이다. 그리고 무슨 일이 생기면 나를 찾아올 것이다.

누구나 실수는 할 수 있다. 신뢰로 형성된 우리 사이의 느슨한 고리가 실수 하나로 쉽게 끊어지지는 않는다. 신뢰는 쉽지 않지만, 모험에 필수적으로 있어야 하는 것이다. 신뢰는 모험을 지속하게 하는 원동력이다.

· · ·

모두 어둠 속에서 움직이고 있다. 두 번째 정전은 첫 번째 정전보다 길어질 것이라는 사실을 모두가 눈치채고 있다. 흐르는 침묵 사이로 걱정과 불안이 새어나온다.

어느 그룹은 취침 삼매경에 빠져 원래는 잠을 못 자게 되어 있는 탁자 위에 엎드려 있다. 무엇인가를 먹는 사람은 아무도 없는데, 좀처럼 보기 힘든 광경이다. 어둠에 익숙하지 않은 마르탱만 작은 가스등 불빛에 의지해 탐험 일지를 쓰려고 한다. 과학 전문 기자이자 현장 기구의 관리자로 일하는 그는 중재자 역할을 좋아한다. 공동체는 무슨 일이 있어도 함께 움직여야 한다고 생각하는 그에게, 외로움이 몰려오는 밤은 불편할 수 있다. 나는 마르탱에게 연결 통로로 가서 머리 좀 식히고 오자고 제안한다. 바로 그때 기적이 일어난다! 마침내 카테드랄 통로에 불이 들어온다. 정전이 끝난 것 같다. 부리나케 다른 여러 스위치도 켜본다. 저 멀리서도 기쁨의 함성을 지르는 소리가 들린다.

모두 겨울잠에서 깨어난 듯 다시 움직이기 시작한다. 우리는 마치 새장을 가리던 천이 걷히는 기쁨을 맛보는 앵무새가 된 것 같은 기분이다. 나중에 수집한 자료를 통해 알게 된 사실인데, 정전은 26시간 동안 계속되었다고 한다. 하지만 그 순간에는 26시간보다 더 길게 느껴졌다.

"다시 움직일 수 있겠다. 하지만 얼마 동안일까?"라는 질문이 들어왔지만 딥 타이머 사이에서 안도감이 느껴진다. 니콜과 마리 카롤린은 장비를 챙겨 물을 길으러 가려고 한다. 몇몇 사람들은 무리 지어 동굴을 연구해 보고 싶다고 한다. 이제 우리의 태양인 둥근 조명등을 없애자는 말을 하는 사람은 없을 것이다.

다시 탐험 계획을 세울 수 있을 것 같다.

12

변화는
어떻게 생기는가

멜뤼진 이야기

동굴 입구에 설치한 지원팀의 텐트는 그야말로 집시를 방불케 한다. 팬데믹으로 이동 제한이 내려져서 지원팀은 당분간 이곳에서 머물기로 했다. 나도 텐트에서 생활하는 것이 편해졌다. 내가 기르는 고양이 콜레트는 어둠과 빛 사이에 있는 세상을 신기한 듯 돌아다니고 내가 연결 통로에 갈 때도 졸졸 따라온다. 매일 카테드랄 통로에 갈 때마다 동화에 나올 것 같은 으리으리한 규모에 감탄한다.

리디와 제레미의 아이들도 텐트로 이사 왔다. 봉쇄령으로 학교가 문을 닫자 리디와 제레미는 고민 끝에 아이들과 지원팀 텐트에서 지내기로 했다. 아이들은 바비큐 공간에서 마시멜로, 꼬치, 조약돌이 있는 세상을 보며 즐거워한다. 아이들에게 이곳은 동굴 학교와 마찬가지다. 익숙했던 학교에서의 시간이 사라진 대신 연결 통로에 왔다갔다하는 리듬이 새로운 시간이 되었다. 물을 얻으려면 계곡에 가야 하고 화장실은 200미터 이상 떨어져 있다. 여기서는 아이들도 시간의 개념을 잊고 살아가는 딥타이머와 마찬가지다.

무엇을 해야 할지 몰라 헤매던 처음 10일이 지나자 지원팀의 일상은 제대로 자리를 잡았다. 여전히 규칙은 엄격하다. 우리는 여전히 일이 많고 동굴로 전화를 걸 수 없으며 샤워도 자주 하지 못한다. 그런데도 우리는 마음 편하게 지금의 경험을 그대로 받아들인다. 모든 자원봉사자도 그러고 있다.

자원봉사자들과 지원팀은 텐트에 각자의 공간을 꾸리며 금세 가족 같은 공동체가 되었다. 날씨가 변덕스럽기 때문에 우리는 주방이나 동굴 입구, 혹은 밖에서 도란도란 모여있을 때가 많다. 이력과 성격, 취향은 저마다 다르지만 모두가 한마음으로 움직이고 이 거대한 프로젝트에 함께할 수 있어 자랑스러워한다.

우리는 모여서 이런저런 이야기를 나누고 여기 있게 되어 기쁘다는 감상을 털어놓는다. 팬데믹으로 봉쇄가 되면서 뜻밖에 얻은 행운이다. 여기는 자연 속이라 마스크를 쓰지 않고 걸을 수 있다. 하나같이 친절한 사람들뿐이다. 동굴 안에 사는 딥 타이머도 우리와 비슷한 경험을 하고 있으리라 생각한다. 우리 모두 매일 엄청난 몰입을 경험한다. 완벽주의자인 제레미는 스트레스를 받을 때가 많지만, 이 순간만큼은 다 같이 모여 서로에게 집중하는 시간을 즐긴다.

제레미는 로지스틱 전문가로 여러 센터를 책임졌고, 대학에서 강연을 하기도 했다. 하지만 모험을 좋아하는 성격과 의미 있는 프로젝트를 하고 싶다는 열망으로 안정적인 직장을 버리고 여행하듯 살며 탐험 프로젝트를 돕고 있다. 지금 제레미는 인간 적응력 연구소 활동을 총괄하고 있으며, 조건의 변화가 조직에 어떠한 영향을 미치는지를 실험하고 있다.

딥 타임에서 제레미는 가장 오래 현장을 지키며 프로젝트를 가까이서 지켜본다. 지원팀 모두가 각자의 역할을 한다. 아이들도 나름대로 자신이 할 수 있는 것을 하며 우리를 돕고, 딥 타임을 그림으로 그리기도 한다.

이처럼 열정적인 분위기 속에서는 피곤함을 느낄 여유조차 없다. 나는 환각을 느끼기 시작한다. 아침이 되면 사람들이 동굴의 철문을 두드리는 것 같은 소리가 들릴 때가 있다. 그런데 막상 보면 아무도 없다. 평소에는 하지 않을 실수를 한 적도 여러 번이다.

연결 통로에 옷가지가 담긴 통들이 놓이는 시점도 점점 뒤죽박죽이다. 동굴 안에서 사이클을 어떻게 측정하고 있는지 모르겠다. 모든 것이 예측하기 어려워지면서 우리는 평소보다 자주 연결 통로에 가서 확인해 봐야 한다. 아무것도 놓여있지 않을 때는 안에서 도대체 무엇을 하고 있는 것인지 의문에 빠진다. 동굴 안에서 딥 타이머들은 무기력하게 있다가 다시 활발하게 움직이는 패턴을 반복하는 것 같다. 프로젝트가 더 복잡해지고 있다. 하지만 40일도 점점 끝이 보인다. 이제 딥 타이머들은 동굴에서 나올 준비를 해야 한다.

여기서 대기하고 있다가 정확히 40일이 되는 날 저녁 8시에 우리가 동굴 안으로 들어가 프로젝트가 끝났음을 알리기로 되어 있다. 딥 타이머의 동굴 생활에 대미를 장식할 일이다. 프로젝트의 끝을 알리는 안내와 함께 딥 타이머를 옭아매던 모든 사슬은 순식간에 풀어진다. 딥 타이머는 다시 시간이 존재하는 세상과 만나게 될 것이다.

딥 타이머들은 동굴 생활을 정리하고 중요한 테스트를 마무리한 후 가족들과 만나게 된다. 짧게 언론과 인터뷰를 하고 추가 생리학 실험 자료를 정리해야 하며, 비행기를 타고 파리 두뇌 연구소로 가서 MRI 검사를 받을 예정이다. 이 결과를 동굴에 들어가기 직전에 받은 검사 결과와 비교하여, 동굴에 들어간 후 인지, 감정, 생리에 어떠한 변화가 일어났는지를 알아보게 된다.

동굴 안에서 시간의 속박 없이 살던 딥 타이머들은 동굴 밖으로 나온 뒤에는 바쁜 일정을 보내야 한다. 아마 갑자기 달라진 생체리듬에 정신이 없을 것이다. 우리가 프로젝트의 끝을 알리려고 들어갔는데 시간 개념이 없는 딥 타이머가 동굴 위층을 탐험하고 있으면 어떻게 해야 할지 걱정이다. 그러면 일정이 전부 어긋나게 된다. 지상팀의 우리와 동굴 속의 딥 타이머는 서로 다른 '날짜' 개념을 가지고 있다. 우리 입장에서는 딥 타이머가 몇 번째 사이클로 생각하고 있는지 알 수 없다. 딥 타이머는 이제 프로젝트가 며칠 안 남았다는 사실을 알고 있을까?

딥 타이머에게 시간 정보는 주지 않고 같은 곳에 모여 있으라는 메시지를 전달하려면 어떻게 해야 할까? 이에 대해 우리는 여러 아이디어를 생각하며 머리를 굴린다. 결국 내가 가방을 통해 새로운 대규모 실험을 해야 하니 모두 같은 순간에 한자리에 모여 있었으면 좋겠다는 쪽지를 전달하기로 한다. 나중에 들은 이야기지만, 크리스티앙은 이 쪽지가 딥 타임 프로젝트가 곧 끝나간다는 사실을 암시한다는 것을 전혀 몰랐다고 한다.

프로젝트가 종료되는 디데이를 며칠 앞두고 딥 타이머의 가족들과 과학자들이 캠프에 합류하기 시작한다. 다들 흥분이 극에 달해있다. 기쁨과 초조함, 걱정 등 여러 감정이 교차하는 와중에 냉정함을 유지하려 애쓴다.

그래도 한 가지 생각만은 떨쳐내기 어렵다. *다시 만나는 딥 타이머의 몸과 마음은 어떤 상태일까?*

13
노동 없는 사회란
존재하는가

사회 유지

니콜은 3D 동굴 지도를 제작하는 데 집중하고 있다. 세 번째 사이클부터 레이저 스캐닝 도구인 젭 오리종^{Zeb Horizon}을 사용해 진행하고 있는 작업이다. 니콜은 기계가 제대로 작동하는지, 섬세한 작업을 잘 해나가고 있는지를 중간중간 확인한다. 3D의 세계도 동굴의 세계 못지않게 복잡해 보인다.

니콜은 첨단 기기로 하는 작업에 매료되어 있다. 지구과학 분야의 수석 엔지니어로 스물일곱 살인 니콜은 척박한 환경을 3D 지도로 그리는 일을 매우 좋아한다. 니콜은 남극 한가운데에 있는 콩코르디아^{Concordia}에 프랑스와 이탈리아가 공동으로 세운 기지에 머물며 작업한 적도 있다.

습도에 민감한 젭 오리종은 동굴에서 가장 습도가 덜한 곳에 보관되어 있다. 젭 오리종은 머리를 회전하며 동굴 안을 끝없이 돌아다닌다. 그 옆에는 도움을 주는 인간 니콜이 있다. 울퉁불퉁한 그랑 카오 통로와 깊이가 90미터가 넘는 가리구의 수직 통로 등, 까다로운 지형이 많아 스캔 작업은 만만치 않다. 내가 젭 오리종을 업고 몸에 밧줄을 묶은 채 버려진 에펠 다리에서부터 동굴 구석구석을 다니며 스캔을 할 수 있도록 도와야 했다.

녹슨 철골로 되어있는 에펠 다리는 100년 전에 만들어져 오랫동안 버려져 있었다. 다리의 바닥을 이루던 판은 이미 사라져 상부 구조물만 겨우 남아있다. 우리는 다리의 구조를 면밀히 살펴보고, 바닥에 남은 골조가 튼튼해서 기계가 떨어질 위험이 없겠다는 결론을 내렸다. 그래도 혹시 모르니 동굴 통로의 사방 벽에 밧줄을 설치했다. 젭 오리종이 스캔을 하고 무사히 내려올 수 있도록 내가 안내하는 역할을 잘해야 한다. 우리는 작업에 만전을 기했다. 수직 통로부터 시작해 동굴을 3D로 그리는 작업이 시작되었다.

파일이 너무 많이 나와서는 안 되기 때문에 모든 작업은 최소 20분 내로 끝내야 했다. 니콜이 젭 오리종을 작동시키면 기계가 동굴 여기저기를 돌아다니며 스캔을 하고, 그동안 나는 밧줄에 매달려 기다리는 과정을 반복했다. 동굴 안은 춥고 습한데 행동 하나하나를 신경써야 하니 이마에 굵은 땀방울이 흘렀다. 조금이라도 실수를 하면 소중한 젭 오리종이 바닥에 추락할 수 있었다. 나는 밧줄에 몸을 의지한 채 24미터 높이에 매달려 있다가 작업이 끝나면 조심스럽게 내려갔다. 젭 오리종이 스캔을 하는 도중에 몸이 흔들리면 영상의 품질에 지장이 있을 수 있으니 비틀거리지 않고, 모든 노하우를 동원해 천천히 균형을 유지하며 내려가야 했다. 바닥에 닿으면 젭 오리종은 수직 통로 바닥의 모든 곳을 스캔한다. 윗부분을 스캔하려면 다시 젭 오리종을 업고 밧줄을 타야 한다. 니콜도 스캔할 곳을 계속 왔다갔다하며 디지

털 작업을 완성하기 위해 애썼다.

호수까지 스캔을 해야 할 때는 다미앵이 내가 하던 역할을 이어받아 30미터 높이를 밧줄을 타고 오르락내리락하며 신속하고 안전하게 작업을 마쳤다. 작업 내내 얼마나 긴장을 했던지 작업이 끝나자 기쁨을 주체할 수 없었다.

작업을 마치고 돌아오자 에밀리와 마고가 시치미를 떼고 묻는다.

"밧줄 타기 어땠어? 밧줄 타기에 아주 좋은 날 같은데."

이 질문의 의도를 알 것 같다. 딥 타이머들이 얼마나 탐험과 새로운 감각에 목말라 있는지 깜빡 잊을 때가 있다. 나 자신은 밧줄을 타고 멋진 풍경을 바라보는 것을 매우 즐기면서도, 딥 타이머가 녹슨 다리 위에 있으면 불안해질 것 같다. 하지만 에밀리와 마고의 눈빛을 보니 밧줄 타기의 즐거움을 선사하지 않을 명분이 없다. 다음 날부터 모두가 밧줄 타기를 즐길 수 있도록 해야겠다고 결심한다.

이제 마지막으로 해야 할 작업이 하나 더 있다. 동굴 위층에 있는 호수와 기다란 통로를 스캔해야 한다. 위층까지 스캔하고 나면 세계 최초로 동굴의 지형을 3D로 완벽하게 재현하는 일이 될 것이다. 뇌파 기록에 관한 중요한 실험을 해야 하는 나 대신 이번에는 코라가 작업에 참여한다. 동굴 탐험의 초보자인 코라가 기꺼이 도움을 주겠다고 나서다니 마음이 뿌듯하다.

호수 근방의 스캔 작업을 마무리할 무렵, 막 점심 식사를 마

친 딥 타이머들은 동굴의 벽에 적힌 글귀들을 연구하기로 결심
했다. 아르노와 티펜, 프랑수아와 마르탱은 벽에 적힌 글을 사진
으로 촬영했다. 특별한 장비 없이 접근할 수 있는 곳만 해도 수
천 개의 글귀가 적혀있다.

최적의 작업 방식을 결정하기 위해서는 생각할 시간이 필요
하다. 집단 지성을 발휘하여 동굴의 각 부분을 잘 나누어 사진을
찍은 후 연결해야 한다. 얼마 전부터 티펜과 코라, 마르탱과 프랑
수아, 아르노가 이 반복적이고 시간이 많이 걸리는 작업을 담당
하고 있다. 덕분에 이들은 롱브리브 동굴을 좀 더 자세히 살펴보
고 동굴을 더 친근하게 느끼게 되었다. 벽에 적힌 글마다 이야기
를 담고 있다.

"벽에 적힌 글을 읽다 보니 동굴에 더 집중하게 되는 것 같
아. 뚜렷한 목표를 가지고 동굴 벽의 구석구석을 탐구하는 작업
을 하다 보니 개인적으로 동굴과 사귀는 것처럼 느껴져. 오늘은
유난히 '나의 동굴'처럼 느껴지네."

코라가 말했다.

티펜도 이 작업을 즐긴다.

"수백 년 전에 쓰인 글들을 읽다 보니 이 글을 쓴 사람들이
궁금해져. 이 사람들은 어떤 인생을 살았을까? 글들이 하나같이
생생하고 감동적이야."

동굴 벽에 새겨진 문구는 문장으로 된 것도 있고 하나의 단
어로만 적힌 것도 있다. 언어는 프랑스어, 러시아어, 히브리어 등

으로 다양하다. 글을 쓴 사람들이 어느 도시에서 왔는지 알려주
는 글도 있다. 글 이외에 데생과 간단한 인물화도 그려져 있다.
허풍이 가득한 글도 있고 반복적으로 나오는 이름들도 있다. 아
마 여기에 수십 번 혹은 수백 번은 온 것 같다. 굵은 글씨로 크게
적힌 글도 있고 크레파스로 스케치하듯 적힌 글씨도 있다. 가족
이 남긴 듯한 글도 있고 연인들이 남긴 듯한 글도 있다. 특히 하
트를 그려서 그 안에 연인의 이름을 적는 것은 수세기 전부터 지
금까지 이어지는 전통인 것 같다.

　　아르노는 동굴 벽에서 발견한 사람 냄새 나는 감동적인 문
구들에 대한 이야기를 자주 한다. 이야기를 듣다 보면 800년 전
이나 지금이나 인간은 그리 달라진 것 같지 않다. 어딘가를 가면
흔적을 남기고 싶은 것은 인간의 변치 않는 욕망이다. 사람들 모
두가 같은 마음이다.

　　"글들이 하나같이 너무 아름다워. 그중에서 특히 감동적인
것도 있어. 1820년에 부모와 자녀가 함께 온 어느 가족이 남긴
글이 기억에 남아. 1780년에 적힌 글은 미래에 대한 희망을 담
고 있어. 글마다 깃든 이야기를 이해하고 싶어. 동굴 벽에 적힌
문구들을 정리하는 작업을 하게 되어 기뻐. 잊지 못할 최고의 순
간이야."

　　아르노가 말한다.

　　연결 통로로 내려가 새로운 손가방이 왔는지 확인한다. 지
금 나는 EEG 소프트웨어의 기능을 사용하는 데 필요한 암호를

기다리고 있는데, 손가방은 아직 도착하지 않았다. 카테드랄 통로의 계단이 나타나기 전에 위치한 비좁은 통로에서는 마리나와 제롬이 에밀리의 다리를 잡고 구멍 속에 밀어넣고 있다. 에밀리가 머리부터 구멍 속으로 들어갔다가, 다시 마리나와 제롬의 도움을 받아 구멍 밖으로 나온다. 에밀리는 자랑스러운 듯 철사 하나를 쥐고 말한다.

"찾았다! 우리를 당할 팀이 없을걸."

마리나가 깔깔거리며 웃고, 세 사람은 다시 청소를 시작한다. 모두가 참가하는 이 작업의 이름은 '혼란 작전'으로, 수 킬로미터에 버려져 있는 쓰레기를 줍는 것이다. 딥 타이머들은 동굴의 통로를 오가며 청소를 한다. 모두 노래하고 웃으며 작업에 임한다. 모두가 쓰레기가 어디 있는지 잘 알고 있다! 딥 타이머가 모은 쓰레기를 보면 청소 작업이 완벽하게 이루어지고 있다는 확신이 든다. 동시에 동굴에도 다른 곳들과 마찬가지로 이렇게 쓰레기가 많다니 방문객과 공사 담당자, 동굴 탐험가들의 부족한 배려가 아쉽게 느껴진다!

전 세계를 탐험하며 이미 확인한 사실이지만, 외진 곳까지 쓰레기가 많다. 어떻게 이런 곳까지 쓰레기가 쌓인 것인지 이유는 모르겠다. 순진한 생각일 수 있지만 깊고 사람의 발길이 뜸한 지하 세계는 쓰레기로 몸살을 앓지 않았으면 좋겠다.

우리가 청소 작업을 하면서 찾아낸 7킬로그램의 쓰레기와 우리의 쓰레기를 합치니 여기도 인간 세상이라는 생각이 든다.

· · ·

3D 동굴 지도 제작팀, 동굴 벽 글자 수집팀, 과학팀, 그리고 모두가 참여하는 청소 작업까지…. 딥 타이머 전원이 동굴 안에서 열심히 일하고 있다. 얼마 전부터 우리 모두 무기력에서 벗어날 수 있었다. 한때는 가장 활달한 사람들조차 무기력에 빠졌으나 지금은 아니다. 정전이 일어난 후, 그리고 동굴에서 하면 좋을 활동에 대해 몇 차례 토론한 후 두 번의 사이클이 지나고 나는 딥 타이머에게 의미 있는 작업을 맡기며 분위기를 환기하고자 했다.

"단순히 일을 위한 일이 아냐."

각자의 성향에 따라 의미를 느낄 수 있으면서도 개인의 삶과 공동체의 삶을 이해하는 데 도움을 줄 수 있는 활동을 하자는 취지였다.

동굴 청소만 해도 자연에 원래의 모습을 찾아준다는 의미가 있다. 일을 하다 보면 우리 인간이 자연을 좋은 방향으로만 이용하지 않는다는 깨달음을 얻을 수 있다. 3D 동굴 지도 제작, 동굴 벽에 적힌 문구 수집은 동굴에 오마주를 바치는 것이기도 하지만, 동시에 이번 프로젝트를 위해 우리를 도와준 사람에게 선물하는 것이기도 하다. 지금까지 딥 타이머의 가장 열렬한 호응을 받은 활동을 하나 꼽으라면 동굴에 거주하는 동물을 조사하는 일이었다. 동굴 안에 있는 통로마다 다양한 동물이 살고 있다. 동굴 속 생물을 대대적으로 조사해 보니 식물도 자라고 있다는 사실을 알게 되었다. 아르노는 처음에 독이 있을까 봐 두려워했으나 전혀 걱정할 필요가 없다. 잎사귀가 아름다워 보고만 있어도 마음이 편안해진다. 생명과 관련된 일이야말로 가장 흥미롭고 마음이 따뜻해진다.

동굴의 동식물을 조사하다가 전설 속의 식물 미노스^{Minos}까지 발견하게 되었다. 정식 이름은 아파놉스 미노스$^{Aphanops\ minos}$로, 롱브리브 동굴에서 딱 한 번 발견되었으나, 40여 년 동안 소식을 알 수 없었던 식물이다. 모두가 이 식물을 채집하는 데 열심이다. 채집한 식물을 아르노에게 건네면, 아르노가 알코올 속에 담궈 롱브리브 동굴의 식물 표본을 채운다. 이 식물 표본들은 이후 전문가들이 연구해 이름을 밝힐 것이다. 그런데 미노스의 단점이 있으니 냄새가 지독하다는 것이다! 마치 고약한 치즈 냄새와 비슷하다. 아르노가 식물의 잎 몇 개를 따서 동굴 바닥에 놓자 썩은 치즈와 비슷한 악취가 빠르게 퍼졌다! 심지어 여기저기에 보이는 생쥐들도 원하지 않는 냄새인 듯 피해 다녔다.

그 후 우리는 미노스가 발견된 자리에 다시 가보았지만, 미노스는 더 이상 보이지 않았다. 다만 다른 식물들이 여러 개 새로 자라나 있었다. 악취를 풍기던 그 식물은 돌연 사라진 것일까, 아니면 동굴의 새로운 곳에서 보금자리를 찾은 것일까? 그 이유는 앞으로도 알 수 없을 것이라는 생각이 든다. 동굴 안에는 박쥐들도 몇 마리 보인다. 우리는 박쥐들을 방해하지 않기 위해 조심한다.

이처럼 업무마다 의미가 풍부했다. 각각의 업무팀마다 자발적인 책임자가 이끌었다. 제롬은 청소팀을, 마르탱은 사진팀을 맡겠다고 했다. 마리나는 영상팀을, 마리 카롤린은 물과 배수 장치 관리팀을 맡겠다고 했다. 코라와 티펜은 동굴에 관한 목록 정리팀을 맡겠다고 했다.

우리는 몇 번의 실험 끝에 음식을 관리하는 가장 좋은 방법을 찾아냈다. 가장 인기가 많아서 빨리 없어지는 식품은 칠판에 적은 후 한 사람마다 먹을 수 있는 양이 어느 정도인지 표시했다. 그리고 개별적으로 식품을 가져가게 하여 양이 줄어드는 정도를 표시하도록 했다. 처음에는 달걀 34개, 비스킷 32개, 맛있는 태국 스프 두 봉지 등이 있었다. 나는 달걀을 하나 집을 때마다 내 이름이 적힌 란에 앞으로 내가 먹을 수 있는 달걀은 몇 개 남았는지 적었다. 이렇게 자신이 무엇을 먹었는지 잘 보이게 표시하면 놀랄 정도로 효과적으로 관리할 수 있다. 목록을 작성하는 시간과 관리하는 시간이 획기적으로 줄어드는 것이다.

게다가 진정한 의미에서 물물교환도 할 수 있다. 이런 소리가 심심치 않게 들린다. "스프 하나에 비스킷은 몇 개야?", "오늘 나 대신 화장실 관리해 주면 내 비스킷 다섯 개 줄게." 롱브리브 동굴에서 비스킷 물물교환이 시작되었다. 언젠가 금융 시스템이 한계에 도달하면 물물교환 시스템이 월스트리트를 대신할지도 모른다.

• • •

하지만 가장 큰 변화는 스물다섯 번째 사이클부터 딥 타이머들의 생체리듬이 서로 많이 비슷해져 공동 활동을 하기 쉬워졌다는 것이다. 내가 바랐던 일이다. 딥 타이머는 계속 각자 자신의 리듬대로 잠을 자고 일어나되 그 누구도 억지로 깨우지는 않는다. 그런데 초기에 비해 서로의 수면 시간과 기상 시간의 패턴이 크게 차이가 나지 않게 되었다. 물론 다들 자는데 한 명은 깨어 있다든지 하는 경우는 늘 있지만, 처음과 달리 심하게 천차만별이 아니어서 함께 작업하는 과정이 수월해졌다. 덕분에 네다섯 번에 걸쳐 함께 수행해야 하는, 동굴 벽에 적힌 문구를 조사하는 일과 같은 본격적인 공동 활동을 시작할 수 있게 된 것이다.

동굴에 들어온 후 보내는 가장 마지막 단계는 안정기인 것 같다. 초기 사이클 때는 딥 타이머들이 생산적으로 움직이지 않으며 무기력에 빠졌고, 활동 패턴이 많이 달랐다. 하지만 지금은 공동 활동을 할 수 있을 정도로 패턴의 차이가 크게 나지 않게 되었다.

여러 단계를 거쳐 안정기에 접어든 것을 보니 딥 타임에는 40일이 딱 좋은 것 같다. 1960년대부터 시간생물학은 여러 차례의 공간 모의실험으로 많은 발전을 이루었다. 행동생태학자로 장기적인 몰입 전문가인 카롤 타포랭Carole Tafforin에 따르면 환경과 생태계가 새롭게 바뀌고 인간의 적응력을 관찰하기에는 35일이 가장 적절한 기간이다. 과학계가 많은 경우 35일을 선택하는 이유다. 35일은 '놀라움과 발견' 과정으로 시작해 '이해와 안정' 과정을 거친 후 '적응과 실천' 단계가 되는 시간이다. 마지막 단계에서는 이미 상황에 적응했기 때문에 새로운 행동 방식으로 정착시킬 수 있다. 그러므로 우리의 실험도 최소 기간을 35일로 잡아야 했다.

하지만 나는 딥 타임을 위해 35일이 아니라 40일을 선택했다. 40은 인류사의 중요한 기록에서 많이 발견되는 숫자이기 때문이다. 인류의 역사와 사회 구조를 만든 텍스트들을 읽어보면 놀랍게도 옛 석학들이 40일을 변화가 일어나는 결정적인 시간으로 생각했다는 사실을 알 수 있다. 40일은 성경 구절에서 가장 많이 사용되는 숫자이기도 하다. 캐나다의 성서 연구가 제롬 마르티노Jérôme Martineau에 따르면 40일은 중요한 변화가 일어나기 위해 필요한 기간이라는 상징적인 의미가 있다. 40일은 예수 그리스도가 사막에서 단식하며 보낸 기간이며 기독교에서 기념하는 사순절의 기간이고, 엘리야가 아합왕의 아내 이세벨의 반격을 피해 신의 산으로 불리는 호렙산까지 걸어간 기간이다. 또 모세가 시나이산에서 십계명을 받기까지 걸린 기간이며, 노아가 대홍수 때 방주를 타고 표류한 기간이기도 하다.

모세가 십계명을 받은 날과 노아가 방주를 타고 표류한 날은 유일신을 믿는 세 종교가 공통으로 중시하는 날로 기본 사상을 이루는 데 영향을 주었다. 무함마드도 40일 동안 기도하고 단식했고, 아브라함이나 유누스 같은 이슬람의 다른 선지자들도 같은 기간 동안 고난을 견뎠다. 무슬림의 장례에서는 시신을 매장한 후 40일 동안 추모 의례를 가지는 것이 전통이다. 유대교에서는 속죄의 날까지 40일 동안 기도하고 회개하고 애도한다. 동방의 가장 오래된 종교인 조로아스터교의 경전에 나오는 영웅 이마는 40일 동안 인간과 동물들을 자연재해에서 구했다. 부처도 무지의 악마 마라를 물리치기 위해 40일 동안 뒤로 물러나 수행했다. 40은 플라톤의《국가론》제7권에 나오는 동굴 신화의 시대이기도 하다.

　이렇게 모든 예시를 살펴보니 40일은 고난을 거쳐 휴식이나 방법을 찾은 날이었다. 지금처럼 과학적 지식이 풍부하지 않았던 우리 조상들은 기간을 정할 때 과학적인 근거를 충분히 검토하지 못했을 것이다. 그런데도 조상들은 40이라는 기간을 변화의 시기로 삼았다. 이는 그저 우연이라고 볼 수 없다. 역사나 종교와 관계없이 인류의 역사에서 중요한 의미로 사용된 숫자 40을 이번 딥 타임 프로젝트의 기간으로 정했다.

　딥 타임은 이 40일이 큰 의미를 지니고 있으며, 무엇보다 협력하고자 하는 열망이 변화를 만들어낸다는 사실을 보여준다. 협력의 중요성은 완전히 새로운 이야기는 아니지만, 이를 증명하는 과학적 데이터는 여전히 부족하다. 각자 다른 습관과 행동 방식을 지닌 사람들이 모여 춥고 습하고 시간 개념을 알 수 없는 동굴 속에서 생활해야 하는 지금 같은 상황에서는 서로 어느 정도 맞춰가는 것이 필요하다. *"내일 몇 시에 볼까?"*라는 말을 하지 않고 약속을 정하는 방법은 무엇일까? *"네 시간을 일한 후, 점심 시간에 한 번 쉬고 다시 네 시간 동안 일할까?"*와 같은 질문을 하지 않고 업무 계획을 세우는 방법은 무엇일까? 우리의 생체리듬이 다른 사람들의 생체리듬과 관련되어 있다는 사실을 어떻게 알 수 있을까? 정답은 알 수 없다. 하지만 우리가 안정적이고 효율적인 시스템을 만들었으며, 복잡한 일을 해내기 위해 모든 딥 타이머가 최선을 다한다는 사실이 중요하다. 우리는 동굴에 들어오기 전에 개인적으로는 전혀 할 줄 몰랐던 일을 같이 머리를 맞대면서 할 수 있게 되었다.

사실, 인간은 사회적 동물이다. 우리 인간은 서로를 필요로 하고 다양성을 필요로 한다. 절대로 잊어서는 안 될 내용이다.

14

평균은
아무것도 아니다

시차의 발생

"안녕, 내 이름은 크리스티앙 클로. 지금 나의 사이클은 30."

다른 딥 타이머와 마찬가지로 나도 말하는 공간에서 셀프 인터뷰를 한다. 셀프 인터뷰를 시작할 때는 누가 이야기하고 있는지, 현재 동굴 생활의 어느 시기를 맞이하고 있는지를 알려주어야 한다. 나를 포함해 딥 타이머가 각자 생각하는 사이클은 같지 않다. 에밀리에게는 24사이클인데 니콜에게는 32사이클이다. 나중에 이 영상을 분석할 행동생태학자와 사회학자들은 나에 대해 잘 모를 수도 있다고 생각하니 웃음이 난다. 수년 후 우리를 잘 모르는 연구진들이 우리의 데이터를 다른 방식으로 관찰할 수도 있다. 이는 데이터 수집이 중요한 장기 프로젝트에서 흔히 발생하는 일이다. 우리의 생리적, 인지적 데이터와 수백 시간에 이르는 영상은 사회심리학 분야에 유용한 정보를 제공할 것이다.

조금 전까지만 해도 이 공간에 오는 것이 내키지 않았지만, 지금은 혼자서 말을 하는 이 순간이 좋다. 주요 통로에서 몇 미터 떨어져 있는, 모래 바닥 위에 난 이 작은 공간에서는 소리가 울리지 않아 기쁨과 의심, 꿈과 같은 것들을 마음껏 털어놓을 수 있다.

　나는 다른 딥 타이머가 전부 다녀간 후에야 마지막으로 말하는 공간에 왔다. 다시 활기를 찾은 딥 타이머의 모습에 깊은 감명을 받은 나는 그들의 행적 하나하나를 지켜보기 위해 노력하고 있다. 그래서 오늘도 사이클의 세 번째 식사를 이미 마쳤지만 자러 가지도, 여기 말하는 공간에 오지도 않고 생활 공간에 머물러 있었다. 마침 알렉시의 제안으로 카드 게임을 함께할 수 있었다. 카드 게임이 연달아 이어지고, 유쾌하고 활기찬 가운데 웃음소리가 들리기도, 게임에 져서 투덜거리는 소리가 들리기도 한다. 이것이 다 함께 하는 활동의 묘미다. 좀 더 먼 곳에서는 마리나의 바이올린과 요안의 기타 연주 소리가 들려왔다. 두 사람은 거의 모든 사이클에서 악기를 연주했다. 악기가 습도 때문에 망가질까 봐 걱정되긴 하지만, 두 사람이 악기를 가져와 기쁘다. 훌륭한 듀오인 마리나와 요안에 더해, 간혹 제롬이 기타를 들고 합류하기도 한다. 세 사람은 완벽한 연주로 10여 곡을 연이어 들려준다.

　음악 덕분에 열네 번째 사이클에서 에밀리의 서른 번째 생일을 즐겁게 축하할 수 있었다. 서른 살의 생일을 축하하는 동굴의 저녁은 감동적이었다. 에밀리는 사랑하는 가족과 떨어져 있어도 곁에 팀원들이 있어 견딜 수 있다. 생일은 동굴의 흔치 않은 축제이기도 하다. 우리는 여기서 아르노의 서른 번째 생일도 축하했고, 자체적으로 스무 번째 사이클을 기념하며 팬케이크를 만들기도 했다.

우리는 이러한 오락거리를 많이 마련하기 위해 노력했다. 이런 행사는 딥 타이머들이 힘을 합해 어려운 일을 하기 위해서도 중요하고, 정신적으로 머리를 식히는 데도 도움이 된다. 오락과 기쁨은 두뇌에 새로운 자극을 주어 변화의 계기를 제공한다. 한 발짝 물러서서 상황을 다시 바라볼 수 있고, 그럼으로써 행복 호르몬인 도파민이 분출될 뿐만 아니라 완전히 새로운 마음으로 시작할 수 있다.

한창 카드 게임을 하고 있는데 마리 카롤린이 테이블에 와서 앉았다.

"말하는 공간이 비었어. 불도 켜놓았고 다음 사람을 위해 카메라도 켜놓았어."

나는 주위를 둘러봤다. 이제 내 차례인 것 같았다. 썩 내키지 않았다. 딥 타이머들과 즐겁게 게임을 하면서도 어딘가 석연치 않은 부분이 있었다. 여기에 들어올 때부터 느껴졌던 형언할 수 없는 감정을 조금 더 면밀히 들여다봐야 했다. 다른 이들의 태도나 몸짓, 시선에서 지금 해결하지 않으면 더 커질 수도 있는 문제를 본능적으로 감지한 것일까? 아니면 또 한 번 정전이 일어날지 모른다는 예감이 든 것일까? 스스로 납득할 수 있는 이유를 찾고 싶었다. 하지만 게임이 끝나자 더 이상 스스로를 합리화할 수 없었고, 다른 딥 타이머처럼 말하는 공간으로 가야 했다.

카메라 앞에서 직접 종이에 적어둔 질문에 답한다. 특별한 일이 생길 때마다 적어둔 것들이라 내용은 이미 잘 알고 있다. 홀로 있으니 대답이 술술 나오고, 혼자서 깔깔 웃기도 한다. 문득 저편에서 여러 명이 큰 소리를 내는 것이 들린다. 귀를 쫑긋 세우지만 잘 들리지 않는다. 아마 카드 게임에서 누군가 이겼거나 누군가 장난을 친 것 같다. 딥 타이머들끼리 있으면 시끌벅적할 때가 많다.

잠시 말을 고르며 다시 녹화 버튼을 누른다. 생각을 다잡고 있는데 티펜이 나타난다.

"크리스티앙, 얼른 와 봐."

티펜이 성스러운 말하는 공간에 불쑥 들어왔다면 급한 일이 생겼다는 뜻이다. 티펜을 따라 서둘러 심티에르 통로를 지나간다. 200미터 정도 떨어진 생활 공간에서 딥 타이머들이 흥분해 있는 게 보인다. 하지만 큰일이 일어난 것 같지는 않다. 마침내 상황을 파악한 나는 그 자리에 멈춰선다. 이럴 수가! 저들이 왜 여기에 있지? 멜뤼진과 제레미다. 여기서 뭐하는 거지?

커다란 공허함이 밀려온다. 나는 좀비처럼 멜뤼진과 제레미에게 다가간다. 제레미가 나를 오랫동안 껴안는다.

"끝났어. 40일이 다 되었다고. 모두들 축하해."

나는 당혹스러워하며 멜뤼진 쪽을 돌아본다. 나와 멜뤼진은 오랫동안 껴안는다. 멜뤼진이 속삭인다.

"다들 해냈어. 실험은 성공이야. 바깥에 사람들이 많이 기다리고 있어. 크리스티앙, 네가 해냈어!"

제레미와 멜뤼진의 말이 맞다. 하지만 좀처럼 실감이 나지 않는다. 다른 딥 타이머들도 마찬가지인 것 같다. 나는 딥 타이머를 한 명씩 품에 안는다. 우리는 서로 축하 인사를 건네지만, 공허함을 숨길 수 없다.

에밀리가 울면서 "아냐! 너무 일러, 너무 이르다고, 어서 가"라고 말한다. 다미앵은 의아하다는 듯 조용하다. 그의 표정만 봐도 무슨 말을 하고 싶은 것인지 알 수 있다. 마리나는 캐나다 악센트가 섞인 말투로 더듬거리며 애써 농담을 던진다.

"말도 안 돼. 우리에게는 아직 할 일이 산더미라고. 우리 일은 아직 끝나지 않았어."

마르탱이 옆에서 거든다.

"아직 30일이야, 30일. 40일이 아니라."

머릿속에서 이번 모험을 성공시켰다는 뿌듯함과 모험이 끝났다는 아쉬움이 뒤얽힌다. 하지만 아무리 부정해 봐야 소용없다. 멜뤼진과 제레미가 거짓말을 하고 있다고 생각하고 싶지만, 두 사람은 여러 번 휴대폰을 보여주며 날짜와 시간을 확인시켜 주었다. 마치 우리에게 현실을 알려주는 것처럼 말이다.

· · ·

밖에서는 40일이 지났다고 다들 알고 있다. 하지만 딥 타이머 대부분은 아직 30 혹은 31사이클이라 생각한다. 우리가 평균적으

로 경험한 시간은 30사이클에 불과하다. 서른 번 잠을 자고 서른
번 잠에서 깨고⋯. 동굴에서 보내는 하루는 바깥에서 우리가 보
낸 하루 24시간보다 훨씬 길다. 이러한 차이가 생기는 것이 놀라
운 일은 아니다. 미셸 시프르도 우리와 비슷한 경험을 했다. 그
또한 지상팀이 실험이 끝났다고 알려주러 왔을 때 믿지 않았다
고 한다. 그가 정한 실험 기간인 60일은 이미 다 지났지만, 그는
이제 25일이 지났다고 생각했다.

　비슷한 실험을 한 다른 탐험가들도 미셸 시프르보다는 덜했
지만 이 같은 시차를 경험했다. 미셸 시프르에 따르면 실제의 시
간과 인식하는 시간 사이에 차이가 발생하는 이유는 불일치가
일어날 수도 있다는 사실을 무의식적으로 고려하여 사전 지식에
맞추어 자신의 경험을 변형하기 때문이다.

　그런데 딥 타임처럼 공동체가 함께 시간 개념을 잊고 고립
된 환경에서 살아가는 실험은 처음이다. 따라서 이전에 이루어
진 다른 실험의 영향을 받지 않았으며, 비슷한 상황에서 보고된
데이터도 없었다. 그렇다면 우리는 같이 생활하는 공동체의 영
향을 받은 것이다. 나는 우리의 사이클이 단체생활의 영향을 받
았기 때문에 하나의 사이클이 24시간에서 크게 벗어나지 않을
것이라고 생각했지만, 이는 착각이었다. 우리 팀의 평균 사이클
은 32시간에 가까웠다. 하지만 평균에는 큰 의미가 없다.

　처음 열 번의 사이클 동안에는 시차가 크게 벌어지지 않았
다. 멜뤼진이 동굴에서 나갔던 당시만 해도 일주일에 약 열두 시

간 정도의 차이가 날 뿐이었다. 그러다가 모두 무기력에 빠졌다 조금씩 회복해 나가던 열 번의 사이클을 거치면서 우리의 리듬은 점점 뒤틀리기 시작했다. 우리 각자가 경험하는 사이클은 평균에서 벗어나 매우 달라졌다.

우리는 수면 시간과 기상 시간에 대해 이야기를 나누며 사이클이 가장 짧은 사람과 긴 사람을 찾아내려고 했다. 에밀리는 누가 제일 먼저 일어나고 누가 가장 적게 자는지 맞혀보자는 내기를 제안하기도 했다. 수면 시간에 대해 생각하는 것은 혼란스럽지만 즐거운 일이다. 누가 잠을 유독 많이 잘까? 일반적으로는 사이클이 긴 사람이 짧은 사이클이 더 자주 돌아오는 사람보다 잠을 덜 잔다고 생각한다. 그러나 사이클의 길이는 수면의 양과는 큰 관계가 없다. 이를테면 같은 48시간이더라도, 어떤 사람은 여덟 시간씩 두 번 잠을 자고 열여섯 시간 동안 두 번 깨어있을 수 있다. 이는 지극히 정상적인 리듬이다. 그런데 어떤 사람은 열여섯 시간 동안 자고 서른두 시간 동안 계속 깨어있을 수도 있다. 그렇다면 두 사람은 정확히 같은 시간 동안 잔 것이지만, 한 사람은 두 번의 사이클을 보내고 다른 사람은 한 번의 사이클을 보낸 것이 된다.

사이클을 결정하는 것은 휴식과 활동의 양이 아니라 휴식과 활동의 반복이다. 대부분의 사람들은 하루의 3분의 1은 자고 3분의 2는 생활하는 방식으로 일과를 구성한다. 물론 잠을 유난히 적게 자고, 또 많이 자는 사람도 있지만 사회의 시간은 이 리

듬을 기반으로 구성되어 있다. 실험의 결과를 분석한 1차 자료
에서 나타나겠지만, 우리도 이 원칙을 전반적으로 지켰다. 하지
만 개인 간, 또 개인 내에서 사이클의 길이는 매우 다르게 나타
났다.

몇 시인지 전혀 몰랐던 우리는 24시간을 평균으로 하는 지
구의 자전에서 벗어났다! 이를 통해 정보가 주어지지 않으면 '평
균'이라는 정해진 기준은 무의미해지고, 자신의 생체리듬이 기
준이 된다는 사실을 알 수 있다. 나도 그렇고 다른 딥 타이머도
그렇고 모두가 각자의 리듬에 따라 활동했다. 나도 무의식적으
로 나의 수면 시간을 조정했다. 동굴에서 나는 사회적으로 정해
진 기준보다는 눈앞의 상황에 맞추어 생활 패턴을 만들어나갔던
것이다.

바로 이처럼 상황에 맞춰 살아갈 수 있는 능력이 인간의 적
응 메커니즘에서 중요한 부분이라고 생각한다. 이에 더해 인간
적응력 연구소는 인간의 감동과 상상, 감정에도 관심을 가진다.
새로운 환경에 적응하고 상황을 예측하기 위해서는 감각기관이
인식하는 시간과 변하지 않는 물리적 시간 사이에서 균형을 맞
춰야 한다. 환경과 상황, 생활 방식에 따라 시간을 조정하는 능력
덕분에 우리는 안정감을 느낄 수 있다. 적응력이란 본능이라기
보다 현재의 경험과 조건에 따라 구체적으로 행동할 수 있는 능
력이다. 모두가 갖고 있다고 느끼는 본능에는 실체가 없다. 이를
테면 어떤 사건이 한 달 정도 지속될 것이라 예측했는데 실제로

는 1년 넘게 이어진다면, 모두 허둥대며 제대로 대응하지 못하는 것이 당연하다.

딥 타이머들은 서로의 생체리듬이 점차 비슷해지는 것을 경험했다. 이를 통해 인간은 공동체의 영향을 받는다는 사실을 알 수 있다. 누구나 개인의 생명을 위해 휴식을 취해야 하지만, 휴식을 취하는 방법은 주변 사람들의 영향을 받는다. 단체생활을 하면서 서로 속도를 맞춰가는 것은 공동체의 생존에 필수적이기에, 여기에 문제가 생기면 모두 혼란에 빠지기 쉽다. 코로나19가 우리가 예상했던 것보다 더욱 길어지고, 서로 접촉할 수 없는 격리의 상태가 이어지며 이러한 집단의 일치성이 무너졌고, 방역 기간 동안 사람들은 시간 감각을 상실했으며 사회는 무기력에 빠졌다.

고립된 상태에서 우리는 가족이든 친구든 동료든 주변의 영향을 받아 안정적인 공동의 흐름을 형성할 수 없다. 스크린을 통해서만 타인과 교류할 수 있는 격리의 시간은 개인적인 생체리듬을 만들어내고, 이는 뿔뿔이 흩어진 집단의 리듬과 더 이상 조화를 이루지 못한다. 인간은 근본적으로 다른 사람을 필요로 한다. 타인의 존재는 정신적으로만 필요한 것이 아니다. 우리의 생체 시계가 공동 시스템 속에서 균형을 찾으려면 물리적으로 다른 사람과 접촉해야 한다. 스크린과 기술을 통한 소통을 점점 더 많이 도입하고 있는 우리 사회는 물리적인 접촉의 필요성을 고려할 필요가 있다.

· · ·

나는 멜뢰진과 함께 코라와 아르노, 프랑수아를 찾으러 간다. 아직 잠자리에 있던 세 사람은 평소와 달리 누군가 다가와 깨우자 단번에 상황을 알아챘다. 아마 내 옆에 멜뢰진이 있어 상황을 파악하기가 더 쉬웠을 것이다. 세 사람을 데리고 생활 공간으로 온다. 프로젝트가 끝나 슬프지만, 모두 함께 이번 경험을 할 수 있어서 행복하다는 생각이 든다. 티펜은 혼자서 이런저런 감정에 젖어있다. 어둠을 무서워하던 티펜은 이번 프로젝트에 참가하기까지 가장 많은 고민을 했지만, 막상 동굴 생활을 해보니 너무 적성에 잘 맞았는지 종지부를 찍고 싶지 않은 것 같다. 모두가 10일 정도를 '도둑맞은' 것 같다는 데 의견을 모은다. 처음 프로젝트가 끝났다는 안내를 들었을 때는 흥분되었으나, 이제는 슬픔이 몰려온다.

우리의 모험은 끝나지 않았다! 끝내고 싶지 않다. 얼른 바다와 가족을 다시 보고 싶어 안달이 난 요안을 빼면 모두가 자발적으로 남을 수도 있을 것 같다. 지상팀과 사진작가는 우리를 보고 놀란 기색을 보인다. 40일 동안이나 어두운 동굴에 고립되어 시간을 보내놓고 나가고 싶어 하지 않으니 신기해 보일 법도 하다!

그러나 사실이다. 아직 나갈 준비가 되지 않았다. 나는 지난 몇 년 동안 세계 곳곳을 누비며 탐험을 했다. 탐험을 하고 돌아오면 현지에서의 추억이 잊히지 않아 그리움에 사무칠 때도 있었다. 그럴 때면 다시 돌아온 '일상'이 지루하고 무미건조하게 느껴졌다. 하지만 2006년부터 나는 그렇게 생각하지 않기로 결심했다. 낯선 사람과 낯선 땅을 만나는 탐험은 멋진 일이지만, 우리의 일상 또한 탐험만큼 흥미롭다는 사실을 잊어서는 안 된다. 내가 하는 말이 모순적으로 들릴지도 모르겠다. 하지만 우간다의 바트와 종족을 만나는 것에 대해서는 감격하면서도 정작 이웃은 모르고 지내는 것이 정상일까? 네팔의 불교 사원에는 감탄하면서도 우리가 일상에서 보는 대성당의 훌륭함은 알아보지 못하는 것은 또 어떤가?

앞으로도 나는 어디에 있든, 무엇을 하든 이 같은 탐험가 정신은 계속해서 지킬 것이다. 그런 점에서 '바쁘게 흘러가는 사회'로 돌아가야 하는 현실이 그렇게 우울하지만은 않을 수도 있다. 오히려 어디든 존재하는 위대함을 잘 찾아보자는 긍정적인 마음이 생긴다. 상황이 달라지기를 바란다면 우리 자신부터 변해야 한다.

나는 두 가지 다른 감정 사이를 오갔다. 프로젝트를 성공적으로 마쳐 기쁜 한편으로, 정신없이 빠르게 돌아가는 사회로 돌아가야 한다는 생각에 의욕을 잃었다. 롱브리브 동굴은 달도, 우주도 아니지만 암스트롱이 달에 첫발을 내디디고 다시 지구로 돌아와야 했을 때 이런 기분이 아니었을까 싶다. 달 착륙이라는 강렬한 모험을 한 후 어떻게 지구로 돌아올 수 있었을까? 나도 이렇게 동굴에 미련이 남는데.

아직 끝맺고 싶지 않은 것들이 있다. 다음에 기회가 되면 동굴 위층을 더 탐험해 보고 싶고, 딥 타이머들과의 우정도 이어가고 싶다. 무엇보다 대부분의 딥 타이머가 말로 표현할 수 없는 자유를 느꼈다. 어쩌면 시간은 감옥일지도 모르겠다. 시간에 얽매여 생활하지 않다 보니 시간이라는 독재자에게서 벗어나 어느새 우리의 방식대로 살게 되었다. 동굴에서도 해야 할 일은 많았지만, 시간을 모르고 생활하는 경험은 이제껏 누려본 최고의 자유였다. 그 어떠한 때에도 이렇게 자유롭다고 느껴본 적이 없었다. 이전 탐험에서는 기후 변화와 악천후에 대비하며 위험이 생길까 봐 조심하고, 사람들을 계속해서 만나야 하므로 계획을 잘 짜면서 주의 깊게 움직였다.

그러나 동굴에서는 시간 개념도 없고 날씨도 변화하지 않다 보니 늘 똑같아서 신경 쓸 일도, 스트레스를 받을 일도 없었다. 인지 공간이 긴장을 풀자 영혼이 자유로워졌다. 평소에는 경험하기 힘든 선택과 결정의 자유를 마음껏 누렸다. 딥 타이머 모두 동굴에서 평소보다 꿈을 더 많이 꾸었다고 하는데, 정신이 자유롭기 때문이었을 것이다.

일단 동굴을 나가면, 그래서 시계와 다시 만나면 동굴에서 느꼈던 무한한 자유를 다시 느끼기는 힘들 것이다. 모두가 이미 이 사실을 알고 있다. 동굴 생활은 영원, 그 절대적인 불변성을 경험하는 일이다. 일시적이고 즉각적으로 여러 일을 해치워야 하는 일상을 살아가는 우리는 열심히 움직여도 진정으로 원하는 것을 이루지 못한다. 쉽게 허무해지곤 하는 현대인은 개인을 초월하는 현실을 감지하는 감각을 키울 필요가 있다. 우리 모두에게는 스스로의 존재와 일상을 초월해 다 함께 장기적으로 추구해 나가는 의미가 필요하다. 삶의 의미는 이메일을 많이 받는다고 해서, 인스타그램이나 틴더를 활발하게 이용한다고 해서, 넷플릭스로 에피소드를 이것저것 본다고 해서 채워지는 종류의 것이 아니다.

우리는 분주히 일상을 보내도 공허함을 느낀다. 언제나 의미를 잃어버린 것 같은 기분이 든다. 그러다 자연 속에서 자연과 하나되는 것 같은 기분이 들 때 마음이 충만해지고 편안해진다. 자연은 꾸준히 그리고 언제나 새롭게 의미를 깊이 채워준다. 동굴에서 늘 그 자리에 변하지 않고 존재해 온 바위들을 보며, 우리는 마음이 편해지며 정신의 자유를 느낄 수 있었다.

인간은 늘 모호할지언정 진정한 의미와 영원을 찾아 헤맨다. 그래서 100년 된 나무, 1,000년 된 대성당, 항상 그 자리에 있는 바위들을 보며 감탄한다. 인간은 유한하지만 그렇다고 인간이 하찮은 존재는 아니라는 깨달음을 느끼기 때문이다. 우리는 단순한 톱니바퀴도 아니고 먼지도 아니다. 우리는 세상에 하나밖에 없는 존재이지만, 이 지구상에서 불과 몇십 년 정도의 시간만을 부여받았다.

하나의 불꽃. 불꽃 하나가 무엇을 할 수 있을까? 아무것도 못 한다. 그러나 불꽃이 다른 불꽃들과 만나면? 많은 것을 할 수 있다. 이것이야말로 근본적으로 중요한 감각이다. 세대에서 세대를 거치며 다른 사람들, 그리고 환경과 관계 맺으며 함께한다면 무엇이든지 가능하다. 이때는 더 이상 시간도 우리를 지배하지 못한다.

이것이 우리가 바로 40일 동안 동굴에서 체험한 것이다. 딥타임은 시간을 내서 우리를 도와준 사람들이 있었기에 가능했다. 물론 문제도 있었고 불평불만도, 어려움도 많았지만 각자가힘을 보태어 협력심을 발휘해 준 덕분에 이번 모험을 성공적으로 끝마칠 수 있었다. 과학 실험과 모험, 멋진 풍경, 두려움과 슬픔 등 딥 타임에는 여러 기억이 있지만 가장 중요한 깨달음은 따로 있다. 바로 인간이 서로 협력하고 다양한 생각과 비전, 삶을동원하여 다른 사람들을 돕고자 한다면 어디서든 적응할 수 있다는 사실이다. 모든 것은 달라질 수 있다. 심지어는 시간의 개념도 잠시 없앨 수 있다. 우리가 함께한다면 얼마든지 새로운 세상을 만들 수 있다. 우리 인간은 어떤 조건에서도 적응할 수 있는매우 강한 존재다. 협력하여 미래를 만들어나갈 수 있는데, 사람들끼리 서로 싸우고 배척한다면 이 얼마나 안타까운 일인가?

만일 내가 지구에 살아있을 동안에만 유효한 일을 한다면, 홀로 있는 나는 어떤 존재일까? 다른 이들과 앞으로 수세기 동안 이어질 무언가를 만든다면, 함께하는 우리는 어떤 존재일까? 시간개념이 결여된 동굴의 한가운데에서, 우리의 인생과 우리를 둘러싼 세상의 의미를 생각해 볼 수 있었다.

우리의 미래에 기회를 주고 싶다면 자연과 사람들이 서로 어울리는 미래를 그려야 한다. 딥 타임은 바로 그러한 미래를 그려보는 시간이었다.

15

일상으로
돌아오다

빛과 어둠

우리는 저녁에 짧게 휴식을 취한 후 각자의 텐트를 접어 정리하고, 수면 공간과 과학 공간, 생활 공간을 깨끗하게 청소했다. 지상팀의 안내를 받아 중요한 테스트를 진행한 후, 마지막 밤을 제대로 보내야겠다는 생각에 뿔뿔이 흩어졌다. 딥 타이머들은 각자 가장 좋아하는 자리에 앉았다. 나는 잠시 주저하다가 리옹 통로에서 눈을 붙였다. 이곳은 텐트를 치고 약 서른 번 잠을 잔 곳이라 이미 집처럼 편하다.

4월 24일 아침, 딥 타이머의 가족과 친구들이 함께 아침을 먹기 위해 생활 공간을 찾아오자 감정이 북받쳐 올랐다. 동굴에서 먹는 마지막 아침 식사를 앞에 두고 우리는 잠시 멈칫했다. 순간 시간이 잠깐 멈춘 것 같았다. 아무도 말하지 않고, 아무도 움직이지 않았다. 우리 사이에 북받친 감정이 벽을 만들었다. 나는 애써 말을 하며 앞으로 걸어갔다.

"우리의 동굴에 오신 것을 환영합니다."

서로의 배우자와 부모, 혹은 친구를 껴안으며 우리의 얼굴은 웃음과 눈물로 범벅이 되었다. 모두 우리가 동굴에 설치한 설비를 보고 싶어 했다. 이후에 자원봉사자들이 며칠에 걸쳐 동굴의 설치물을 해체할 것이다.

　마침내 동굴과 작별 인사를 할 때가 되었다. 우리는 배낭을 메고 한 번 더 연결 통로까지 걸어가 봤다. 그동안 우리가 참으로 많이 걸었던 길이다. 심티에르 통로, 좁은 길, 사다리, 카테드랄 통로, 크림 통로를 마지막으로 걸어본다. 카렌의 철문이라는 상징적인 장벽도 건너가 본다. 철문에 달린 쇠사슬은 이제 쓸모가 없어져 옆에 축 늘어져 있다. 아직도 동굴 밖으로 나가고 싶다는 생각이 들지 않지만, 커브를 도니 바깥의 빛이 보인다. 잠시 후, 우리는 바깥에 서있다. 우리는 아직 어둠 속에 있는 기분이다. 마스크를 쓴 기자들이 언덕 너머로 보인다. 잠깐 시간이 멈춘 것 같다. 갑자기 보이는 바깥 풍경에 감각이 혼란스러워진다. 색채가 하나같이 강렬하다. 나뭇잎과 풀밭의 초록색, 구름 한 점 없는 하늘의 푸른색. 우리의 코를 간질이는 각종 향기가 추억을 자극한다. 미풍이 우리의 얼굴을 쓰다듬는다.

　아무도 자신이 태어나던 순간을 기억하지 못한다. 어두운 엄마 배 속에 있다가 양수와 함께 세상에 나와 한꺼번에 공기와 빛을 만나던 그 순간은, 너무 많은 감정과 감각이 쏟아져 기억에 담기 힘든 걸지도 모른다. 지금 우리의 기분이 그렇다. 새로 태어난 것 같다. 하나의 세상에서 또 다른 세상으로 빠르게 이동한 듯하다. 우리는 이전의 감각을 회복하는 과정에 빠져있다. 우리는 선글라스를 끼고(선글라스는 필수다) 소매를 걷어 올린다. 동굴 안에서는 많이 껴입어야 했지만, 바깥은 봄이라 따뜻하다. 다시

한 발을 내디딘다. 이제 어둠을 떠나 태양을 향해 나아간다. 짧은 사이 피부에 따뜻한 햇볕이 닿는다. 이런저런 추억이 밀려온다. 추워서 얼어 죽을 것 같았던 어젯밤, 아무 장비도 없었지만 햇빛이 따뜻해서 살아남았던 네팔 탐험, 볼리비아의 어느 부족과 보낸 하지 의식, 여기저기에서 노을을 바라보던 저녁.

동굴에서 보낸 40일은 언제까지고 기억할 것이다. 동굴에서의 생활을 마감해야 해 슬프지만, 내 팔을 간질이는 햇빛을 느끼면서, 얼굴을 햇빛에 쬐는 딥 타이머를 보면서 태양 없이 사는 것이 얼마나 어려운 일인지를 깨닫는다. 왜 태양이 여러 신앙과 의식에서 숭배의 대상인지 이해가 된다. 태양은 생명을 상징하니까.

태양은 생명이니까.

함께이기에 가능한 모험

2021년 7월 3일

딥 타이머들이 한 명씩 두뇌연구소 신경영상실에 도착한다. 여기서 우리는 인지적, 생리적 능력을 점검하기 위해 MRI와 뇌파 검사를 받는다.

이미 이런저런 검사에는 익숙하다. 동굴에서 나와 바깥의 햇빛과 만났던 우리는, 지금 연구실에 있다. 순식간에 시간 여행을 한 것 같다.

우리의 두뇌와 몸에 40일 동안 어떠한 변화가 생겼는지 알아보기 위한 검사는 동굴에서 나오자마자 이미 받았다. 지금은 40일 동안 일어났던 변화가 원상태로 다시 돌아왔는지, 아니면 변화한 상태가 계속 유지됐는지를 확인하려 한다.

많은 검사가 우리를 기다리고 있다. 이 중에서 가장 기대되는 것은 프로브Probe라는 것으로, 작은 모니터를 앞에 두고 한 시간 30분 동안 다양한 테스트를 해보는 것이다. 모니터 위의 숫자가 계속 변한다고 한다. 어쨌든 우리는 시간이 오래 걸리는 검사를 받겠다고 했고 게임처럼 생각하기로 했다. 오랫동안 기다리

는 와중에도 얼굴에서 웃음이 떠나지 않는다. 다시 함께하니 걱
정도 없고 행복하다. 우리는 서로 껴안으며 함께 농담도 하고 추
억을 나눈다.

딥 타이머들은 이미 서로 이야기를 나누며 동굴을 나와 생
활하는 일이 쉽지 않았으며, 동굴이 어떠한 방식으로든 우리에
게 흔적을 남겼다는 사실을 확인했다. 동굴이 남긴 흔적은 긍정
적일 때도 있지만 힘든 점도 있다. 바로 피로가 쉽게 가시지 않
는다는 것이다. 우리는 바깥세상과 10일의 시차가 나는 세상에
서 살았으며, 우리의 폐는 동굴 속 습도와 싸웠고 이제는 다시
새롭게 시간 개념에 적응해야 한다.

이 모든 것들이 우리의 몸과 마음에 깊이 영향을 미쳤다. 때
로는 동굴 생활을 경험하지 않았다면 이해하기 힘든 작은 증상
이 나타나기도 한다. 평소 준비성이 철저한 코라는 비행기에 짐
을 두고 내렸고, 프랑수아는 검사 중 질문을 받을 때 화면에서
봤던 장면이 순간순간 떠오르지 않았으며, 티펜은 갑작스레 피
로가 몰려온다고 했다.

아마 모두 동굴에서 경험한 것이 지금도 잔상으로 남아있기
때문일 것이다. 가족이나 친구에게도 털어놓기 힘든, 딥 타임을
경험한 사람들만이 이해할 수 있는 이야기다. 우리는 앞으로 각
자의 방식대로 다시 인생을 살아갈 것이다.

프랑수아와 나는 스케줄이 빽빽하게 잡힌 일상에 버겁게 적
응하고 있고, 다른 딥 타이머들은 여유롭게 생각하며 조용히 하

루하루의 일정을 관리한다. 다미앵과 티펜은 아예 새로운 삶을 살고자 한다. 동굴에 들어가기 전에 생각해 놓았던 것이 있는데 딥 타임을 경험하고 난 후 그 생각을 실천해야겠다는 결심이 확고해진 것이다.

모두가 공통으로 한 결심이 하나 있기는 하다. 앞으로도 메일과 SNS의 바다에 빠지고 싶지 않기 때문에 인터넷 사용은 줄여가고 싶다는 생각이다.

새로운 일상에 적응하는 것이 여전히 어렵지만, 고민을 털어놓지 않는 딥 타이머들도 있다. 딥 타임을 시작하며 동굴 안에서 시간 개념을 잊고 사는 생활이 정신적으로 타격을 줄지도 모른다는 두려움을 느끼기도 했다. 그러나 더 이상 심각하게 걱정하지는 않는다. 동굴에서 보낸 몇 주는 매우 강렬한 기억으로 남아 있기 때문에, 적어도 1년 동안은 동굴의 영향에서 완전히 벗어나지 못하는 것은 당연하다.

우리가 받은 각종 검사의 결과가 담긴 많은 데이터가 여러 과학팀에게 전달될 것이다. 과학팀이 믿을 만한 결과를 최종적으로 발표하기까지는 몇 달이 걸릴 것이다.

이런저런 검사를 받으며 우리가 세 단계의 과정을 거쳐 비슷한 생체리듬을 가지게 되었다는 사실을 알게 되었다. 처음에 우리는 최대 60시간까지 다양한 사이클을 가졌다. 그렇지만 3분의 1은 잠을 자고 3분의 2는 깨어있다는 기본 원칙은 꽤나 지켜졌다. 그러다가 후반부로 갈수록 공동 작업을 하기 위해 무의식적으로 깨어있는 시간을 서로 맞추고자 노력하게 되었다. 확실히 집단은 개인의 존재성과 생물학적 요인을 뛰어넘어 동기화를 촉진하는 강력한 동인이었다.

우리가 동굴 밖으로 나온 날은 햇빛이 쨍쨍한 화창한 날이었는데, 그 후에는 비가 많이 내렸다. 폭우에도 자원봉사자들이 동굴을 깨끗하게 정리해 주었다. 나와 몇 명의 딥 타이머는 주말에 시간을 내어 동굴을 방문해 자원봉사자들의 일을 도왔다. 이 핑계로 딥 타이머, 자원봉사자들과 다시 한번 만날 수 있었다. 우리에게는 재회가 필요했다. 무엇보다 동굴에 제대로 작별 인사를 하고 싶었다. 동굴은 다시 대중에게 개방될 것이다. '잘 있어, 또 봐. 영원한 작별 인사는 하지 않을게.'

다시 딥 타임을 할 수 있을까? 어떻게 보면 이것이 정말로 중요한 질문이다. *만일 프로젝트의 기한에 제한이 없었다면 우리는 동굴 안에서 최대 얼마만큼 살 수 있었을까?* 이 대답은 딥 타이머마다 다르겠지. 정말 그렇다.

롱브리브 동굴에는 딥 타이머들, 그리고 멜뤼진과 제레미의 사인이 담긴 기념판이 세워져 있다. 열다섯 명이 여기서 40일을 보냈다는 것을 기억할 수 있을 것이다. 다시 딥 타임 모험을 할 수 있을까, 라는 처음의 질문에 대한 답을 생각해 본다. 딥 타임은 과학을 위해, 명예를 위해, 인간의 저항력을 시험하기 위해 한 것이었다. 딥 타임을 또 하게 된다면, 이번에는 계속 변화할 세월과 기억을 위해서일 것이다.

동굴 안에서 최대 얼마만큼이나 살 수 있을까, 라는 두 번째
질문에 대한 대답은… 이 말로 대신하려 한다. 어쨌든 우리가 함
께할 수 있어 행복했다!

2021년 8월 8일, 파리

감사의 말

딥 타임 모험을 현실로 이루고 이 책까지 쓸 수 있게 도와준 모든 사람들에게 정말로 감사하다는 인사를 드리고 싶다. 250명이 넘는 사람들 덕분에 동굴에서 무사히 40일을 지낼 수 있었다. 모두의 이름을 일일이 여기에 다 적고 싶지만 지면상 그럴 수는 없을 것 같다. 그래서 특별한 도움을 준 사람들을 중심으로 언급하려고 한다.

먼저 제레미 루미앙과 멜뤼진 말렌데에게 고맙다는 인사를 전한다. 이번 프로젝트 계획에서 중심적인 역할을 해준 두 사람 덕분에 내 꿈을 마음껏 펼칠 수 있었다. 두 사람의 배우자인 리디 루미앙 베르트랑과 루이 에티에도 자원봉사에 지원해 주었다. 나의 작업에 무한한 지원을 보내주고 딥 타임의 전 과정에 도움을 준 부모님 로즈마리 클로와 필립 클로에게 감사 인사를 전한다. 홍보 담당인 코랄리 쥐강, 클라라 뒤푸르, 이드리스 나위 등 인간 적응력 연구소의 모든 팀원에게 감사하다.

이번 실험을 함께 해준 열네 명의 딥 타이머들에게 감사하고 싶다. 아르노 뷔렐, 요안 프랑수아, 니콜 위베르, 다미앵 주멜고, 에밀리 킴푸, 마리 카롤린 라가슈, 마리나 랑송, 프랑수아 마탕, 알렉시 몽세니, 제롬 노르망, 마고 로망 모니에, 코라 사카랭, 마르탱 소메, 티펜 뷔아리에와 딥 타이머의 모험을 지지해 준 이들의 가족과 친구들에게도 감사를 전한다.

롱브리브 동굴에게도 감사 인사를 하고 싶다. 우리가 동굴 안에서 40일을 지낼 수 있도록 좋은 방법을 찾아준 고마운 사람들이 있다. 위사 시청팀과 베르나르 당글라 시장, 카트린 블라스코 책임자다. 그리고 로베르 기노, 뱅상 기노, 파트릭 소리오가 이끄는 오사바르테 드 타라송 쉬르 아리에주 동굴 탐사 클럽, 그리고 프랑스 동굴 탐사 협회에게 고마움을 전한다. 물론 인맥을 연결해 주고 딥 타이머들에게 사진 촬영 교육을 해준 필립과 아니 크로셰에게도 신세를 졌다.

파트너인 URSA, 아리에주 지방의 장 피에르 라에르, 데카트론의 방수 의류, 카림 자메리아티, 페츨 헤드 랜턴, 프랑수아 케른, 소디와 앙리 모렐에게도 감사한다. 그리고 도움을 주러 현장에 온 모든 팀들에게 감사의 인사를 전한다. 보험회사 악사 클리마트ᴬˣᴬ Climate 관계자, 앙투안 드누아에게 감사한다. 내가 사용한 장비와 관련 기업에게도 고맙다는 말을 전하고 싶다. 에어스타, 아방튀르 베르티칼프, 아시스 통신, 캐논, 크로스콜, 팍템, 로직 앙스트뤼망, 파나소닉 에네루프, 트렉앤 이트, 플라네솔라르, 라파엘 동장, 르바이용데가, PCT 파야 그룹, R2, 타라송 지방의 커뮤니티와 과학 실험 도구 제공업체들인 엔시 캉, 베네치아 커넥트, 브이알 메이즈, 보디 캡, 지오슬램, 애보트, 프랑스 국립 우주 센터도 감사드린다. 특별히 처음부터 이번 프로젝트를 지원해 주었고 탐험 정신을 계속해서 소중히 대해주는 프랑스 탐험가 협회에도 특별히 감사하고 싶다.

이번 프로젝트를 믿어준 모든 사람들과 과학팀들에게 감사한다. 특히 과학 실험을 같이 해준 스테판 베스나르와 뇌파 관련 실험을 도와준 카림 느디아예에게도 신세를 졌다,

장비 설치, 모니터링 등 각자 맡은 일을 열심히 해준 자원봉사자들 모두에게 감사의 인사를 전한다. 팀을 이끈 야니 튀를레, 행정팀을 이끈 샹탈 기요용, 보트를 준비해준 프랑수아 랑송, 그리고 장 피에르 알 라르콩, 안 베스, 나탈리 부에, 제롬 보타, 피에르 브루아르, 마틸드 클레몽, 마릴렌 쿠르테, 로라 드레아노, 아녜스 포리, 에멜린 페라르, 피오트르 지바, 마뉘 고메, 플로랑 게리니, 샹탈 기요몽, 메드이 쿨르, 조디 킴푸, 니콜라 킴푸, 클레망 라게르, 엘렌 라아예, 샹탈 라르주롱, 샤브리나 르 부셰, 쥘리 르 노르망, 아리스티드 뤼세, 마티유 리스, 라파엘 말랑데, 로베르 말랑데, 샤를로트 모리에 니콜라 엔지오, 장 필립 페라슈, 엠마뉘엘 푸들레, 아멜리 롤리나, 클레망 사발 카가레, 엘로디 사샤랭, 자네 소메, 알렉상드르 세파리노, 시릴 수리소, 릴루 수리소, 줄리앙 탈팽 등 모두가 수고해 주었다.

또한 기획을 도와준 아미상, 테오 드리유, 레아 벨 로, 그리고 처음부터 끝까지 촬영을 도와준 기보슈, 마테오 보슈, 브뤼노 마조디에, 테오 드루아덴에게 감사의 인사를 전한다. 동굴에서

몇 번의 사이클을 우리와 함께 보낸 기자단 실비 피나텔, 플로리앙 르 고익, 뱅상 몽갈리아르, 시릴 아주비에게도 감사하다는 말을 하고 싶다.

이번 프로젝트를 지원해 준 모든 미디어 관계자와 공무원 분들에게도 감사드린다. 혹시라도 여기에 미처 언급하지 못한 분들께는 죄송하다는 말씀을 드린다. 그러나 누구 하나 소중하지 않은 분이 없다.

이 책에 관해서는 첫 독자인 제레미, 멜뤼진, 로즈마리를 비롯해 코린 주베르에게 고맙다는 말을 전한다. 물론 담당 편집자 클레르 르 오드비안과 로베르 라퐁Robert Laffont 출판사의 모든 편집부 관계자들에게도 감사의 인사를 전한다.

• **시간 개념을 잊고 자발적인 고립 상황에서 생활하는 실험을 다룬 도서**

ASCHOFF Jürgen, 《Biological Rhythums 생체리듬》, Springer, 2013

BOMBARD Alain, 《Naufrage volontaire. Sans vivres sur l'Atlantique 자발적인 난파. 대서양에서 식량 없이 살기》, Arthaud, 2015

DUPONT François, 《Commandant de sousmarins. Du Terrible au Triomphant, la vie secrete des sous-marins 잠수함 지휘관. 재앙에서 승리까지, 잠수함 대원들의 비밀스러운 삶》, Autrement, 2019

FRANKLIN Jonathan, 《Enterrés vivants 생매장》, Robert Laffont, 2012

LE GUEN Véronique, 《Seule au fond du gouffre 동굴 속에 혼자》, Arthaud, 1989

SAADA Andréas, 《En retrait du monde. Je suis un hikikomori 세상으로부터 멀리 떨어져. 나는 은둔형 외톨이》, Pygmalion, 2018

SIFFRE Michel, 《Expériences hors du temps 시간을 초월한 경험》, Fayard, 1972

SIFFRE Michel, 《Hors du temps. L'expérience du 16 juillet 1962 au fond du gouffre de Scarasson par celui qui l'a vécue 시간 초월. 1962년 7월 16일 스카라송의 깊은 동굴에서 겪은 경험》, Julliard, 1963

TAHI Djamel, LORUS Claude, SCHLICH Roland, 《365 jours sous les glaces de l'Antarctique 남극 빙하의 365일》, Glénat, 2008

• **시간과 시간 관련 철학 개념을 다룬 도서**

BERKELEY George, 《Principes de la connaissance humaine 인간 지식의 원리》, Flammarion, 1993

BLUM Wolfgang, 《La Découverte du temps. Science et philosophie 시간의 발견. 과학과 철학》, Place des Victoires, 2017

DUVIGNARD Jean, 《Hérésie et subversion. Essai sur l'anomie 이단과 전복. 무질서에 관한 에세이》, La Découverte, 1986

EINSTEIN Albert, 《La Relativité 상대성》, Payot, 2016

HART-DAVIS Adam, 《Le Livre du temps. De la perception humaine à la mesure scientifique 시간에 관하여. 인간의 인식에서 과학적 측정까지》, Guy Trédaniel, 2012

HATZENBERGER Antoine, 《La Liberté 자유》, Flammarion, 2011

HAWKING Stephen, 《Une brève histoire du temps. Du Big Bang aux trous noirs 시간의 역사. 빅뱅에서 블랙홀까지》, Flammarion, 2018

HAWKING Stephen, 《Brèves réponses aux grandes questions 중요한 질문에 대한 간결한 대답》, Odile Jacob, 2018

KANT Emmanuel, 《Critique de la raison pure 순수 이성 비판》, Flammarion, 2003

KLEIN Étienne, 《Le Temps 시간》, Bayard Culture, 2013

LEMOINE Patrick, DR, 《J'ai mal à mon sommeil pour dormir naturellement 자연스럽게 잠을 잘 수 없다》, Odile Jacob, 2021

LUMINET Jean-Pierre, 《L'Écume de l'espace-temps 시공간 거품》, Odile Jacob, 2020

NGIAM Alicia, 《La Privation de lumière et ses effets 빛의 결핍과 그 영향》, Notre Savoir, 2021

REINBERG Alain, 《Les Rythmes biologiques, mode d'emploi 생물학적 리듬과 그 사용법》, Flammarion, 1999

PENROSE Roger, 《Les Cycles du temps. Une nouvelle vision de l'Univers 시간의 순환. 새로운 우주관》, Odile Jacob, 2013

PENROSE Roger, 《La Nouvelle Physique de l'Univers 새로운 우주 물리학》, Odile Jacob, 2018

PLATON, 《Trimée et Critias 트리메와 크리티아스》, Flammarion, 2017

PROUST Maarcel, 《À la recherche du temps perdu 잃어버린 시간을 찾아서》, Gallimard, 1989

ROVELLI Carlo, 《Et si le temps n'existait pas? 만약 시간이 존재하지 않는다면》,

Dunod, 2021

SPAGNOU Pierre, 《Les Mystères du temps. De Galilée à Einstein 시간의 미스터리. 갈릴레이에서 아인슈타인까지》, CNRS Éditions, 2017

• 홈페이지

http://adaptation-institute.com

http://deeptime.fr

http://www.grottedelombrives.com

시간과 고립의 연대기

지난 100년 동안 이루어졌던 시간과 고립에 관한 놀라운 실험을 간단하게 연대순으로 나열했다. 책에서 인용한 실험을 포함해, 시간의 개념이 사라졌거나 격리된 상태에서 인간의 반응을 관찰한 여러 실험을 소개하고자 한다. 보다 완전한 시간생물학의 연대기는 우리의 홈페이지(deeptime.fr)에서 찾을 수 있다.

※ 사건 및 실험을 연도별로 정리하였으며, 세부 내용의 순서는 아래와 같다.

실험 유형 | 시간을 초월한 기간(일) | 격리 기간(일) | 참여 인원 | 환경 | 장소 | 국가

1906. 쿠리에르의 광부들

광산 사고: 격리 + 완전한 암흑	20	20	남성 생존자 14명	탄광	쿠리에르 광산 폭발 사고 현장	프랑스

1948. 클로드 소머 씨족

격리- 지하에서의 기록	0	9	남성 6명	자연 동굴	아리에주 롱브리브 동굴	프랑스

1957. 빙산에서의 365일-클로드 로리우스, 자크 뒤부아, 롤런드 슈리치

격리- 지구 물리학 연구	0	365	남성 3명	남극 샤르코 기지	남극의 빙하	프랑스

1962. 미셸 시프르

시간 초월- 인간 과학	59	63	남성 1명	자연 동굴	110미터 깊이의 스카랑송 동굴	프랑스

1962~63. 윌든 P.브린

시간 초월- 인간 과학	45	152	남성 1명	인공적인 공간	매릴랜드 대학교 공간 연구실	미국

1963. 해양학자 6명의 프리컨티넨트 II

격리-수중 생존 실험	0	30	남성 5명	수중의 '집'	홍해의 수심 10미터	프랑스

1964~1989. 위르겐 아쇼프(콜린 피텐드리히와 함께)

시간 초월- 인간 과학	7~ 15	7~ 15	성별이 혼합된 다양한 집단	인공적인 공간	뮌헨의 지하 벙커	전 세계

1964~65. 앙투안 세니

시간 초월- 인간 과학	121	126	남성 1명	자연 동굴	알프마리팀 주의 아벤 올리비에 동굴	프랑스

1964~65. 조시안 로레스

시간 초월- 인간 과학	84	88	여성 1명	자연 동굴	알프마리팀 주의 아벤 비네홍 동굴	프랑스

1965. 해양학자 6명의 프리컨티넨트 III

격리-수중 및 우주 생존 실험	0	21	남성 6명	직경 5.70 미터의 강철구	생 장카프페 라의 수심 100미터	프랑스

1965. 레이몬드 발렌테, 가이 발렌테, 롤런드 무를레르

시간 초월-실험	21	21	남성 3명	자연 동굴	알프마리팀 주	프랑스

1965. 라카브의 은둔자 7명

시간 초월-실험	15	15	여성 7명	자연 동굴	라카브 동굴	프랑스

1966. 장 피에르 마리에테

시간 초월- 인간 과학	177	182	남성 1명	자연 동굴	알프마리팀 주의 아벤 올리비에 동굴	프랑스

1968. 자크 샤베르와 필립 잉글렌더

시간 초월-실험	128	146	남성 2명	자연 동굴	알프마리팀 주의 아벤 올리비에 동굴	프랑스

1969. 헬레네 브로베커

시간 초월-인간 과학	27	28	여성 1명	자연 동굴	알프마리팀 주의 아벤 올리비에 동굴	프랑스

1969. 아폴로 8호-제랄드 카파, 자크 샤베르, 필립 잉글렌더

시간 초월-우주 시뮬레이션	6	20	남성 3명	자연 동굴	알프마리팀 주의 아벤 올리비에 동굴	프랑스

1972. 미셸 시프르 나사 실험

시간 초월-인간 과학	205	205	남성 1명	자연 동굴	텍사스의 미드나이트 동굴	미국

1977. 알렉세이 잘로프, 스테판 소네프

시간 초월-인간 과학	62	62	남성 2명	자연 동굴	불가리아 데스니 수히 페크 동굴	불가리아

1988. 베로니크 르 귀앙

시간 초월-인간 과학	110	100	여성 1명	자연 동굴	발레 네그르 동굴	프랑스

1999~2000. 미셸 시프르

시간 초월-인간 과학	76	76	남성 1명	자연 동굴	900미터 깊이의 클라마우스 동굴	프랑스

2001~2019. NEEMO1부터 NEEMO23(나사의 극한 환경 프로그램)

우주 비행사 훈련을 위한 격리	0	연도에 따라 6~12	성별이 혼합된 4인의 다양한 집단	인공적인 공간	플로리다주 키 라르고의 합숙 실험실 아쿠아리우스	미국

2010. 코피아포의 광부 33인

광산 사고	17	69	남성 33명	광산	688미터 깊이의 아타카마 산 호세 광산	칠레

2010. 마스500

우주 비행사 훈련을 위한 격리	0	520	남성 6명	5개의 모듈로 구성된 건물	러시아 생물의학 문제 연구소	러시아

2011~2019. 유럽우주국 CAVE-6(인간의 수행 능력을 실험하기 위한 합동 모험)

우주 비행사 훈련을 위한 격리	0	6~10	성별이 혼합된 64인의 다양한 집단	자연 동굴	이탈리아와 사르데냐의 다양한 동굴	이탈리아

2018. 동굴에 갇힌 태국 축구팀 무파의 구출 작업

사고	10	17	남자아이 12명과 성인 남성 1명	자연 동굴	탐 루앙 동굴	태국

2019. 곰베사 5: 로랑 발레스타(원정대장), 만토닌 길버트, 야닉 젠틸, 티볼트 라비

시간 초월-실험	0	28	남성 4명	실내 압력이 가해지는 5제곱미터의 잠수함	수심 120미터	프랑스

N

에불리 테르미날   545 m

사팽 통로

메트로 통로

락크 통로

툴루쟁 통로

클로드 소메 통로

아래층

Carte : © Spéléo Club du Haut Sabarthez/Clot revue par EdiCarto

0   100 m

D'après les relevés du Spéléo Club du Haut Sabarthez - Tarascon-sur-Ariè
1978 à 1981 - Topo L. Whal (Caougno n° 11-193)
Extrait de la synthèse topographique du système karstique
De Niaux, Lombrives et Sabart - P. Sorriaux 1981 et 2016

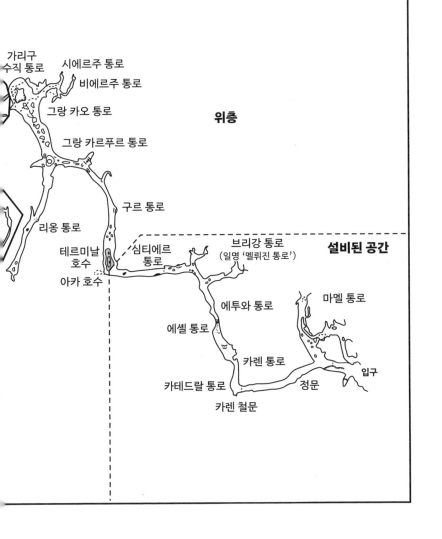

롱브리브 동굴 전경
위사시(프랑스 아리에주)

위층

설비된 공간

가리구
수직 통로

시에르주 통로

비에르주 통로

그랑 카오 통로

그랑 카르푸르 통로

구르 통로

리옹 통로

브리강 통로
(일명 '멜뤼진 통로')

테르미날
호수

심티에르
통로

아카 호수

마멜 통로

에투와 통로

에셸 통로

카렌 통로

입구

카테드랄 통로

정문

카렌 철문

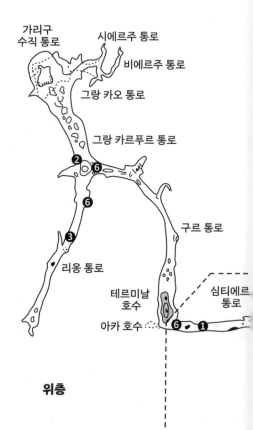

N

가리구
수직 통로

시에르주 통로

비에르주 통로

그랑 카오 통로

그랑 카르푸르 통로

❷

❻

❻

❸

구르 통로

리옹 통로

심티에르
통로

테르미날
호수

아카 호수 ⠄⠄⠄⠄ ❻ ❶

위층

동굴 안 딥 타임 설비

1. 생활 공간(주방, 식사, 여가 등)
2. 전문적인 과학 공간
3. 수면 공간(그리고 침묵의 공간)
4. 말하는 공간(혼자서 하고 싶은 말을 하고 영상으로 촬영하는 곳)
5. 연결 공간
6. 화장실

설비된 공간

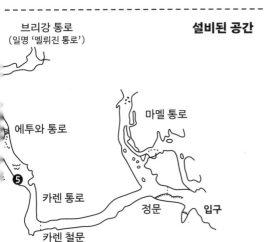

브리강 통로
(일명 '멜뤼진 통로')

에투와 통로

마멜 통로

❺

카렌 통로

정문   입구

카렌 철문

딥 타임

초판 1쇄 발행 2022년 9월 20일
초판 4쇄 발행 2022년 11월 20일

지은이 크리스티앙 클로
옮긴이 이주영
펴낸이 권미경
편집장 이소영
기획편집 이정주
마케팅 심지훈, 강소연, 김철
디자인 [★]규
펴낸곳 (주)웨일북
출판등록 2015년 10월 12일 제2015-000316호
주소 서울시 마포구 토정로 47, 서일빌딩 701호
전화 02-322-7187 **팩스** 02-337-8187
메일 sea@whalebook.co.kr **인스타그램** instagram.com/whalebooks

ⓒ 크리스티앙 클로, 2022
ISBN 979-11-92097-28-2 (03300)

소중한 원고를 보내주세요.
좋은 저자에게서 좋은 책이 나온다는 믿음으로, 항상 진심을 다해 구하겠습니다.